Ioannes Paulus PP. II

Enzyklika Dominum et vivificantem

Über den heiligen Geist im Leben der Kirche und der Welt

Impressum:

Enzyklika Dominum et vivificantem

Über den heiligen Geist im Leben der Kirche und der Welt

von Ioannes Paulus PP. II

Nachdruck mit freundlicher Genehmigung vom Verband der Diözesen Deutschlands (01.12.2015)

Hrsg.: Adlerstein Verlag – www.adlerstein-verlag.de

Herstellung: BoD Norderstedt

Ausgabe vom 01.01.2016

ISBN: 978-3-945462-17-1

Coverfoto: Discesa dello Spirito Santo nel giorno di Pentecoste (Moretto),

        wikimedia. commons (public domain)

Segen

Verehrte Mitbrüder im Bischofsamt,

liebe Söhne und Töchter!

Gruß und Apostolischen Segen!

EINLEITUNG

1. Die Kirche bekennt ihren Glauben an den Heiligen Geist als den, »der Herr ist und lebendig macht«. So spricht sie im sogenannten nizäno-konstantinopolitanischen Glaubensbekenntnis, das nach den beiden Konzilien - dem von Nizäa (325) und dem von Konstantinopel (381) - benannt ist, auf denen es formuliert oder verkündet worden ist. Darin fügt man noch hinzu, dass der Heilige Geist »durch die Propheten gesprochen hat«.

Diese Worte empfängt die Kirche aus der Quelle ihres Glaubens selbst, von Jesus Christus. Nach dem Johannesevangelium ist uns ja mit dem neuen Leben der Heilige Geist geschenkt worden, wie Jesus am großen Tag des Laubhüttenfestes ankündigt und verspricht: »Wer Durst hat, komme zu mir, und es trinke, wer an mich glaubt. Wie die Schrift sagt: Aus seinem Inneren werden Ströme von lebendigem Wasser fließen«[1]. Und der Evangelist erklärt dies: »Damit meinte er den Geist, den alle empfangen sollten, die an ihn glauben«[2]. Das ist derselbe Vergleich mit dem Wasser, den Jesus im Gespräch mit der samaritischen Frau benutzt, wenn er von der »sprudelnden Quelle« spricht, »deren Wasser ewiges Leben schenkt«[3], wie auch im Gespräch mit Nikodemus, wenn er die Notwendigkeit einer neuen Geburt »aus Wasser und Geist« ankündigt, um in das Reich Gottes zu kommen[4].

Durch das Wort Christi belehrt und durch die Pfingsterfahrung und die eigene apostolische Geschichte bereichert, verkündet die Kirche deshalb von Anfang an ihren Glauben an den Heiligen Geist als den, der lebendig macht und in dem sich der unerforschliche dreieinige Gott den Menschen mitteilt und so in ihnen die Quelle zum ewigen Leben begründet.

2. Dieser Glaube, den die Kirche ununterbrochen bekennt, muss im Bewusstsein des Volkes Gottes immer wieder neu belebt und vertieft werden. In den letzten hundert Jahren ist dies schon mehrmals geschehen: von Leo XIII., der die Enzyklika »Divinum illud munus« (1897) herausgegeben hat, die vollständig dem Heiligen Geist gewidmet ist, zu Pius XII., der sich in der Enzyklika »Mystici Corporis« (1943) auf den Heiligen Geist als das Lebensprinzip der Kirche bezieht, in der dieser zusammen mit Christus, dem Haupt des mystischen Leibes, wirkt[5]; bis zum II. Vatikanischen Ökumenischen Konzil, das auf die Notwendigkeit hingewiesen hat, sich erneut der Lehre vom Heiligen Geist zuzuwenden, wie Paul VI. unterstrich, als er sagte: »Auf die Christologie und vor allem auf die Ekklesiologie des Konzils muss nun ein neues Studium und eine neue Verehrung des Heiligen Geistes folgen, eben als notwendige Ergänzung der Ehre des Konzils«[6].

In unserer Epoche sind wir also vom stets alten und zugleich neuen Glauben der Kirche aufgerufen, uns näher mit dem Heiligen Geist zu befassen als dem, der lebendig macht. Hierbei ist uns Hilfe und Ansporn auch das gemeinsame Erbe mit den Ostkirchen, die den außerordentlichen Reichtum der Lehre der Väter über den Heiligen Geist mit großer Sorgfalt bewahrt haben. Auch darum können wir sagen, dass eines der wichtigsten kirchlichen Ereignisse der letzten Jahre die 1600-Jahrfeier des I. Konzils von Konstantinopel gewesen ist, die am Pfingstfest des Jahres 1981 gleichzeitig in Konstantinopel und in Rom begangen worden ist. Der Heilige Geist hat sich damals durch die Meditation über das Geheimnis der Kirche deutlicher als derjenige gezeigt, der die Wege angibt, die zur Einheit der Christen führen, ja sogar als die tiefste Quelle dieser Einheit, die aus Gott selbst stammt und der der heilige Paulus besonderen Ausdruck mit den Worten verliehen hat, mit denen oft die Eucharistiefeier beginnt: »Die Gnade unseres Herrn Jesus Christus, die Liebe Gottes des Vaters und die Gemeinschaft des Heiligen Geistes sei mit euch«[7].

Von dieser Aufforderung haben die vorhergehenden Enzykliken »Redemptor hominis« und »Dives in misericordia« gewissermaßen ihren Ausgang und ihre Inspiration genommen; sie heben das Ereignis unserer Erlösung besonders hervor, das sich im Sohn vollzogen hat, den der Vater in die Welt gesandt hat, »damit die Welt durch ihn gerettet wird«[8] und »jeder Mund bekennt: Jesus Christus ist der Herr zur Ehre Gottes des Vaters«[9].

Aus dieser Aufforderung erwächst nun die vorliegende Enzyklika über den Heiligen Geist, der aus dem Vater und dem Sohn hervorgeht, der mit dem Vater und dem Sohn angebetet und verherrlicht wird: Als göttliche Person lebt er im Herzen des christlichen Glaubens und ist Quelle und treibende Kraft für die Erneuerung der Kirche[10]. Diese Enzyklika schöpft aus der Tiefe des konzialiaren Erbes. Durch ihre Lehre über die Kirche in sich und über die Kirche in der Welt regen uns nämlich die Konzilstexte dazu an, uns immer mehr in das dreifaltige Geheimnis Gottes selbst zu vertiefen und dabei dem Weg des Evangeliums, der Väter und der Liturgie zu folgen: zum Vater durch Christus - im Heiligen Geist.

Auf diese Weise gibt die Kirche auch Antwort auf gewisse tiefe Anliegen, die sie im Herzen der Menschen von heute zu erkennen glaubt: eine neue Entdeckung Gottes in seiner transzendenten Wirklichkeit als unendlicher Geist, wie Jesus ihn der samaritischen Frau kundtut; die Notwendigkeit, ihn »im Geist und in der Wahrheit« anzubeten[11]; die Hoffnung, in ihm das Geheimnis der Liebe und die Kraft zu einer »neuen Schöpfung«[12] zu finden: Ja, es geht genau um denjenigen, der das Leben schenkt.

Zu einer solchen Sendung, nämlich den Heiligen Geist zu verkünden, weiß sich die Kirche berufen, während sie sich zusammen mit der Menschheitsfamilie dem Ende des zweiten Jahrtausends nach Christus nähert. Angesichts von Himmel und Erde, die »vergehen«, ist ihr bewusst, dass »die Worte, die nicht vergehen«[13], eine besondere Aussagekraft bekommen.

Es sind die Worte Christi über den Heiligen Geist, die unerschöpfliche Quelle für das »Wasser, das... ewiges Leben schenkt«[14], als Wahrheit und heiligmachende Gnade. Über diese Worte will sie nachdenken, auf diese Worte möchte sie die Gläubigen und alle Menschen aufmerksam machen, während sie sich darauf vorbereitet - wie wir später noch erläutern werden -, das große Jubiläum zu begehen, welches den Übergang vom zweiten zum dritten christlichen Jahrtausend besonders kennzeichnen soll.

Natürlich wollen die folgenden Betrachtungen die überaus reiche Lehre vom Heiligen Geist nicht vollständig ausschöpfen noch irgendeine Lösung für noch offenstehende Fragen begünstigen. Sie beabsichtigen in erster Linie, in der Kirche das Bewusstsein dafür zu entwickeln, »dass sie im Heiligen Geist angetrieben wird, mitzuwirken, dass der Ratschluss Gottes, der Christus zum Ursprung des Heils für die ganze Welt bestellt hat, tatsächlich ausgeführt werde«[15].

I. DER GEIST DES VATERS UND DES SOHNES, EIN GESCHENK AN DIE KIRCHE

1. Verheißung und Offenbarung Jesu beim Ostermahl

3. Als für Jesus Christus der Zeitpunkt zum Verlassen dieser Welt kurz bevorstand, kündigte er den Aposteln »einen anderen Beistand« an[16]. Der Evangelist Johannes, der zugegen war, schreibt, dass sich Jesus während des Ostermahles vor dem Tag seines Leidens und Sterbens mit den folgenden Worten an sie gewandt habe: »Alles, um was ihr in meinem Namen bittet, werde ich tun, damit der Vater im Sohn verherrlicht wird... Ich werde den Vater bitten, und er wird euch einen anderen Beistand geben, der für immer bei euch bleiben soll. Es ist der Geist der Wahrheit«[17].

Gerade diesen Geist der Wahrheit nennt Jesus »Parakletos« - und Parakletos bedeutet »Tröster«, auch »Fürsprecher« oder »Rechtsbeistand«. Er spricht von einem »anderen«, zweiten Beistand; denn er selbst, Jesus Christus, ist der erste Beistand[18], weil er als erster die Frohe Botschaft gebracht und verkündet hat. Der Heilige Geist kommt nach ihm und durch ihn, um in der Welt das Wirken der Frohen Botschaft vom Heil mit Hilfe der Kirche fortzusetzen. Von dieser Fortführung seines Werkes durch den Heiligen Geist spricht Jesus wiederholt während der gleichen Abschiedsrede, als er die im Abendmahlssaal versammelten Apostel auf sein Weggehen, das heißt auf sein Leiden und seinen Tod am Kreuz, vorbereitet. Die Worte, auf die wir uns hier beziehen, stehen im »Johannesevangelium«. Jedes von ihnen fügt jener Ankündigung und Verheißung einen bestimmten neuen Inhalt hinzu. Zugleich aber sind sie im Hinblick auf dieselben Ereignisse, aber auch im Blick auf das Geheimnis von Vater, Sohn und Heiligem Geist eng miteinander verbunden, das Geheimnis, das vielleicht in keinem Abschnitt der Heiligen Schrift einen so bedeutenden Ausdruck findet wie gerade hier.

4. Kurz nach der oben erwähnten Ankündigung fügt Jesus hinzu: »Der Beistand aber, der Heilige Geist, den der Vater in meinem Namen senden wird, der wird euch alles lehren und euch an alles erinnern, was ich euch gesagt habe«[19]. Der Heilige Geist soll der Beistand der Apostel und der Kirche sein, stets gegenwärtig unter ihnen - wenn auch unsichtbar - als Lehrer derselben Frohen Botschaft, die Christus verkündigt hat. Dieses »Lehren« und »Erinnern« besagt nicht nur, dass er in der ihm eigenen Weise fortfährt, die Ausbreitung der Heilsbotschaft zu fördern, sondern auch hilft, die wahre Bedeutung des Inhaltes der Botschaft Christi zu verstehen, sowie die Kontinuität und Identität ihres Verständnisses inmitten der wechselnden Bedingungen und Umstände zu sichern. Der Heilige Geist soll also bewirken, dass in der Kirche stets dieselbe Wahrheit, wie die Apostel sie von ihrem Meister gehört haben, fortlebt.

5. Bei der Weitergabe der Frohen Botschaft sollen die Apostel in besonderer Weise dem Heiligen Geist verbunden sein. Hierzu sagt Jesus anschließend: »Wenn aber der Beistand kommt, den ich euch vom Vater aus senden werde, der Geist der Wahrheit, der vom Vater ausgeht, dann wird er Zeugnis für mich ablegen. Und auch ihr sollt Zeugnis ablegen, weil ihr von Anfang an bei mir seid«[20].

Die Apostel waren unmittelbare Zeugen, Augenzeugen. Sie haben Christus »gehört« und »mit eigenen Augen gesehen«, sie haben ihn »angeschaut« und sogar »mit eigenen Händen angefasst«, wie derselbe Evangelist Johannes an anderer Stelle schreibt[21]. Dieses ihr menschliches und »geschichtliches« Augenzeugnis von Christus verbindet sich mit dem Zeugnis des Heiligen Geistes: »Er wird Zeugnis für mich ablegen«. Im Zeugnis des Geistes der Wahrheit soll das menschliche Zeugnis der Apostel seine stärkste Stütze finden. Und später soll es darin auch das verborgene Fundament seiner Kontinuität zwischen den Generationen von Jüngern und Bekennern Christi finden, die im Laufe der Jahrhunderte aufeinander folgen werden.

Wenn Jesus Christus selbst die höchste und vollständigste Offenbarung Gottes für die Menschheit ist, so fördert, gewährleistet und bekräftigt das Zeugnis des Geistes ihre getreue Weitergabe in der Verkündigung und den Schriften der Apostel[22], während das Zeugnis der Apostel ihr den menschlichen Ausdruck in der Kirche und in der Geschichte der Menschheit sichert.

6. Das wird auch ersichtlich aus der engen Beziehung von Inhalt und Absicht zur soeben erwähnten Ankündigung und Verheißung, wie sie sich in den anschließenden Worten des johanneischen Textes findet: »Noch vieles habe ich euch zu sagen, aber ihr könnt es jetzt nicht tragen. Wenn aber jener kommt, der Geist der Wahrheit, wird er euch in die ganze Wahrheit führen. Denn er wird nicht aus sich selbst heraus reden, sondern er wird sagen, was er hört, und euch verkünden, was kommen wird«[23].

In seinen vorhergehenden Worten stellt Jesus den Beistand, den Geist der Wahrheit, als denjenigen dar, der »lehren« und »erinnern« wird, der für ihn »Zeugnis ablegen« wird; jetzt sagt er: »Er wird euch in die ganze Wahrheit führen«. Dieses »Einführen in die ganze Wahrheit« im Hinblick auf das, was die Apostel jetzt noch nicht tragen können, hängt notwendigerweise mit der Entäußerung Christi durch Leiden und Tod am Kreuz zusammen, die damals, als diese Worte gesprochen wurden, kurz bevorstand.

Dann wird jedoch deutlich, dass dieses »Einführen in die ganze Wahrheit« sich nicht nur auf das »scandalum crucis« - das Ärgernis des Kreuzes - bezieht, sondern auch auf alles, was Christus »getan und gelehrt hat«[24]. Denn das gesamte »Mysterium Christi« erfordert den Glauben, weil dieser es ist, der den Menschen auf angemessene Weise in die Wirklichkeit des geoffenbarten Geheimnisses einführt. Die »Einführung in die ganze Wahrheit« verwirklicht sich also im Glauben und mit Hilfe des Glaubens: Sie ist das Werk des Geistes der Wahrheit und die Frucht seines Wirkens im Menschen.

Der Heilige Geist muss hierbei der oberste Führer des Menschen, das Licht des menschlichen Geistes sein. Das gilt für die Apostel, die Augenzeugen, die nunmehr allen Menschen die Botschaft bringen sollen von dem, was Christus »getan und gelehrt hat«, vor allem aber von seinem Kreuz und seiner Auferstehung. In einer umfassenderen Sicht gilt das auch für alle Generationen von Jüngern und Bekennern des Meisters; denn sie sollen das Geheimnis Gottes, das in der Geschichte des Menschen am Werk ist, im Glauben annehmen und mit Freimut bekennen, das geoffenbarte Geheimnis, das den endgültigen Sinn dieser Geschichte erklärt.

7. Zwischen dem Heiligen Geist und Christus besteht also in der Heilsordnung eine innere Verbindung, durch die der Geist in der Geschichte des Menschen als »ein anderer Beistand« wirkt, indem er Weitergabe und Ausbreitung der von Jesus von Nazaret offenbarten Frohen Botschaft auf Dauer sicherstellt. Im Heiligen Geist als Paraklet, der im Geheimnis und im Wirken der Kirche die geschichtliche Gegenwart des Erlösers auf Erden und sein Heilswerk unaufhörlich fortsetzt, strahlt deshalb die Herrlichkeit Christi auf, wie die anschließenden Worte bei Johannes bezeugen: »Er (der Geist der Wahrheit) wird mich verherrlichen; denn er wird von dem, was mein ist, nehmen und es euch verkünden«[25]. Mit diesen Worten wird noch einmal all das bekräftigt, was die vorhergehenden Worte besagten: Er wird »lehren«, »erinnern«, »Zeugnis ablegen«. Die höchste und vollständige Selbstoffenbarung Gottes, wie sie sich in Christus ereignet hat und durch die Predigt der Apostel bezeugt wurde, tut sich weiterhin in der Kirche kund durch die Sendung des unsichtbaren Beistandes, des Geistes der Wahrheit. Wie innig diese Sendung mit der Sendung Christi verbunden ist, wie vollkommen sie aus dieser seiner Sendung schöpft, wenn sie seine Heilsfrüchte im Ablauf der Geschichte kräftigt und fördert, ist durch das Wort »nehmen« ausgedrückt: »Er wird von dem, was mein ist, nehmen und es euch verkünden«. Um das Wort »nehmen« gleichsam zu erklären, indem er die göttliche und dreifaltige Einheit der Quelle deutlich hervorhebt, fügt Jesus hinzu: »Alles, was der Vater hat, ist mein; darum habe ich gesagt:

Er nimmt von dem, was mein ist, und wird es euch verkünden«[26]. Indem er von dem »Meinen« nimmt, schöpft er zugleich aus dem, »was der Vater hat«.

Im Licht dieses »Nehmens« kann man ebenso auch die anderen Worte über den Heiligen Geist erklären, die Jesus im Abendmahlssaal vor Ostern gesprochen hat, Worte von tiefer Bedeutung: »Es ist gut für euch, dass ich fortgehe. Denn wenn ich nicht fortgehe, wird der Beistand nicht zu euch kommen; gehe ich aber, so werde ich ihn zu euch senden. Und wenn er kommt, wird er die Welt überführen (und aufdecken), was Sünde, Gerechtigkeit und Gericht ist «[27]. Auf diese Worte wird noch in einer gesonderten Betrachtung zurückzukommen sein.

2. Vater, Sohn und Heiliger Geist

8. Es ist charakteristisch für den johanneischen Text, dass dort der Vater, der Sohn und der Heilige Geist deutlich als Personen genannt werden, von denen die erste von der zweiten und dritten unterschieden ist, ebenso wie diese beiden untereinander. Jesus spricht vom Geist, dem Beistand, indem er mehrmals das personale Fürwort »er« benutzt; zugleich offenbart er in der gesamten Abschiedsrede die Bindungen, die den Vater, den Sohn und den Heiligen Geist untereinander vereinen. So »geht der Geist ... vom Vater aus«[28], und der Vater »gibt« den Geist[29]. Der Vater »sendet« den Geist im Namen des Sohnes[30], der Geist »legt Zeugnis ab« für den Sohn[31]. Der Sohn bittet den Vater, den Geist als Beistand zu senden[32], aber ebenso schenkt er uns im Blick auf sein »Fortgehen« durch das Kreuz die Verheißung: »Wenn ich fortgehe, werde ich ihn zu euch senden«[33]. Der Vater sendet also den Heiligen Geist kraft seiner Vaterschaft, wie er auch den Sohn gesandt hat[34]; zugleich aber sendet er ihn kraft der von Christus gewirkten Erlösung - und in diesem Sinne wird der Heilige Geist auch vom Sohn gesandt: »Ich werde ihn zu euch senden«.

Während alle anderen Verheißungen des Abendmahlssaals das Kommen des Heiligen Geistes einfach für die Zeit nach dem Fortgang Christi ankündigen, so gilt hier zu bemerken, dass die Verheißung des Textes Joh 16, 7f. klar auch die Beziehung der Abhängigkeit, fast möchte man sagen, der Ursächlichkeit, zwischen dem Eintreten des einen und des anderen Ereignisses einschließt und betont: »Wenn ich aber fortgehe, so werde ich ihn zu euch senden«. Der Heilige Geist wird kommen, insofern Christus durch den Kreuzestod fortgeht: Er wird nicht nur nach, sondern aufgrund der Erlösung kommen, die Christus nach dem Willen und durch das Handeln des Vaters gewirkt hat.

9. In der österlichen Abschiedsrede erreichen wir also - so können wir sagen - den Höhepunkt der Offenbarung der Dreifaltigkeit. Zugleich stehen wir kurz vor endgültigen Ereignissen und höchst entscheidenden Worten, die schließlich in den großen missionarischen Auftrag einmünden werden, der sich an die Apostel und durch sie an die Kirche richtet: »Darum geht zu allen Völkern, und macht alle Menschen zu meinen Jüngern«, ein Auftrag, der in etwa bereits die trinitarische Taufformel enthält: »Tauft sie auf den Namen des Vaters und des Sohnes und des Heiligen Geistes«[35]. Diese Formel verweist auf das innerste Geheimnis Gottes und seines göttlichen Lebens: Vater, Sohn und Heiliger Geist, göttliche Einheit in Dreifaltigkeit. Man kann die Abschiedsrede lesen als eine besondere Vorbereitung auf diese trinitarische Formel, in der sich die lebenspendende Kraft des Sakramentes ausdrückt, das die Teilhabe am Leben des dreieinigen Gottes bewirkt, indem es dem Menschen die heiligmachende Gnade als übernatürliche Gabe schenkt. Durch sie wird er berufen und »befähigt«, am unerforschlichen Leben Gottes teilzuhaben.

10. In seinem inneren Leben ist Gott Liebe[36], wesenhafte Liebe, die den drei göttlichen Personen gemeinsam ist: Die personhafte Liebe aber ist der Heilige Geist als Geist des Vaters und des Sohnes. Daher »ergründet (er) die Tiefen Gottes«[37] als ungeschaffene Liebe, die sich verschenkt.

Man kann sagen, dass im Heiligen Geist das innere Leben des dreieinigen Gottes ganz zur Gabe wird, zum Austausch gegenseitiger Liebe unter den göttlichen Personen, und dass Gott durch den Heiligen Geist als Geschenk existiert. Der Heilige Geist ist der personale Ausdruck dieses gegenseitigen Sich-Schenkens, dieses Seins als Liebe[38]. Er ist die Liebe als Person. Er ist Geschenk als Person. Wir stehen hier vor einem unergründlichen Reichtum der Wirklichkeit und vor einer unsagbaren Vertiefung des Begriffes von Person in Gott, wie nur die göttliche Offenbarung sie uns erkennen lässt.

Weil eines Wesens mit dem Vater und dem Sohn in seiner Göttlichkeit, ist der Heilige Geist zugleich Liebe und (ungeschaffenes) Geschenk, aus dem wie aus einer Quelle (»fons vivus« - lebendiger Quell) jegliche Gabe an die Geschöpfe entspringt (geschaffenes Geschenk): das Geschenk der Existenz für alle Dinge durch die Schöpfung; das Geschenk der Gnade für die Menschen durch die gesamte Heilsökonomie. Wie der Apostel Paulus schreibt: »Die Liebe Gottes ist ausgegossen in unsere Herzen durch den Heiligen Geist, der uns gegeben ist«[39].

3. Gott schenkt sich im Heiligen Geist zu unserem Heil

11. Die Abschiedsrede Christi beim Ostermahl bezieht sich in besonderer Weise auf dieses »Schenken« und »Sichverschenken« des Heiligen Geistes. In diesem Text des Johannesevangeliums enthüllt sich gleichsam die tiefste »Logik« des im ewigen Plan Gottes enthaltenen Heilsgeheimnisses als Ausweitung der unaussprechlichen Gemeinschaft des Vaters, des Sohnes und des Heiligen Geistes. Es ist die göttliche »Logik«, die vom Geheimnis der Dreifaltigkeit zum Geheimnis der Erlösung der Welt in Jesus Christus führt. Die Erlösung, vom Sohne Gottes vollbracht in den Dimensionen der irdischen Geschichte des Menschen - vollbracht in seinem »Fortgehen« durch Kreuz und Auferstehung - wird zugleich in ihrer vollen erlösenden Kraft dem Heiligen Geist übertragen: demjenigen, der »von dem Meinen nehmen wird«[40].

Die Worte des johanneischen Textes zeigen, dass das »Fortgehen« Christi im göttlichen Heilsplan unerlässliche Bedingung für die Sendung und das Kommen des Heiligen Geistes ist; sie besagen aber auch, dass Gott dann beginnt, sich im Heiligen Geist zu unserem Heil erneut mitzuteilen.

12. Es ist dies ein neuer Anfang im Vergleich zu jenem ersten, ursprünglichen Anfang der heilbringenden Selbstmitteilung Gottes, der mit dem Geheimnis der Schöpfung selbst identisch ist. So lesen wir schon in den ersten Zeilen des Buches der Genesis: »Im Anfang hat Gott Himmel und Erde geschaffen…, und Gottes Geist (»ruah Elohim«) schwebte über dem Wasser«[41]. Dieser biblische Begriff der Schöpfung enthält nicht nur den Ruf ins Dasein des Kosmos als solchem, das heißt das Geschenk der Existenz, sondern auch die Gegenwart des Geistes Gottes in der Schöpfung, das heißt den Anfang der heilbringenden Selbstmitteilung Gottes an die Dinge, die er erschafft. Das gilt vor allem für den Menschen, der nach Gottes Bild und Gleichnis geschaffen worden ist: »Lasst uns Menschen machen als unser Abbild, uns ähnlich«[42]. »Lasst uns machen«: Darf man annehmen, dass die Mehrzahl, die der Schöpfer beim Sprechen von sich selbst hier benutzt, schon in gewisser Weise das dreifaltige Geheimnis, die Gegenwart der Dreifaltigkeit im Werk der Erschaffung des Menschen, nahelegt? Der christliche Leser, der die Offenbarung dieses Geheimnisses bereits kennt, kann dessen Widerschein auch in diesen Worten schon entdecken. Auf jeden Fall erlaubt uns der Zusammenhang des Buches der Genesis, in der Erschaffung des Menschen den ersten Anfang der heilbringenden Selbstmitteilung Gottes nach dem Maß seines »Abbildes« und seiner »Ähnlichkeit« zu sehen, die er dem Menschen schenkt.

13. Es scheint also, dass auch die Worte Jesu bei der Abschiedsrede im Hinblick auf jenen so fernen, aber grundlegenden »Anfang« gelesen werden müssen, den wir aus der Genesis kennen.

»Wenn ich nicht fortgehe, wird der Beistand nicht zu euch kommen; gehe ich aber, so werde ich ihn zu euch senden«. Indem Christus sein »Fortgehen« als Bedingung für das »Kommen« des Beistandes darstellt, verbindet er den neuen Anfang der heilbringenden Selbstmitteilung Gottes im Heiligen Geist mit dem Geheimnis der Erlösung. Das ist ein neuer Anfang vor allem deswegen, weil sich zwischen den ersten Anfang und die gesamte Geschichte des Menschen – angefangen mit dem Urfall - die Sünde gestellt hat, welche den Widerspruch zur Gegenwart des Geistes Gottes in der Schöpfung und vor allem zur heilbringenden Selbstmitteilung Gottes an den Menschen bedeutet. Der heilige Paulus schreibt, dass gerade aufgrund der Sünde »die Schöpfung der Vergänglichkeit unterworfen ist ... und bis zum heutigen Tag seufzt und in Geburtswehen liegt« und dass sie »sehnsüchtig auf das Offenbarwerden der Söhne Gottes wartet«[43].

14. Darum sagt Jesus Christus im Abendmahlssaal: »Es ist gut für euch, dass ich fortgehe«; »wenn ich aber gehe, so werde ich ihn zu euch senden«[44]. Das »Fortgehen« Christi durch das Kreuz enthält erlösende Kraft - und das bedeutet auch eine neue Gegenwart Gottes in der Schöpfung: der neue Anfang der Selbstmitteilung Gottes an den Menschen im Heiligen Geist. »Weil ihr aber Söhne seid, sandte Gott den Geist seines Sohnes in unser Herz, den Geist, der ruft: Abba, Vater«, schreibt der Apostel Paulus im Galaterbrief[45].

Der Heilige Geist ist der Geist des Vaters, wie die Worte der Abschiedsrede im Abendmahlssaal bezeugen. Er ist zugleich der Geist des Sohnes: der Geist Jesu Christi, wie die Apostel und insbesondere Paulus von Tarsus[46] bezeugen werden. Wenn dieser Geist »in unsere Herzen ausgegossen« wird, beginnt sich damit zu erfüllen, worauf die »Schöpfung sehnsüchtig wartet«, wie wir im Römerbrief lesen. Der Heilige Geist kommt um den Preis des »Fortgehens« Christi.

Wenn dieses »Fortgehen« bei den Aposteln Traurigkeit hervorgerufen hat[47], die ihren Höhepunkt beim Leiden und Sterben am Karfreitag erreichen sollte, so wird sich doch dieser Kummer seinerseits »in Freude verwandeln«[48]. Das erlösende »Fortgehen« Christi wird ja auch die Herrlichkeit der Auferstehung und der Auffahrt zum Vater umfassen. Der Anteil der Apostel beim »Fortgehen« ihres Meisters ist also eine Traurigkeit, die von Freude durchstrahlt wird; es ist ein »gutes« Fortgehen, weil dadurch ein anderer »Beistand« kommen sollte[49]. Um den Preis des Kreuzes, des Werkzeuges der Erlösung, und in der Kraft des gesamten Ostergeheimnisses Jesu Christi kommt der Heilige Geist, um vom Pfingsttag an bei den Aposteln zu bleiben, um bei der Kirche und in der Kirche und durch sie in der Welt zu bleiben. Auf diese Weise verwirklicht sich endgültig jener neue Anfang der Selbstmitteilung des dreieinigen Gottes im Heiligen Geist durch Jesus Christus, den Erlöser des Menschen und der Welt.

4. Der Messias, mit dem Heiligen Geist gesalbt

15. Es verwirklicht sich auch vollständig die Sendung des Messias, dessen also, der die Fülle des Heiligen Geistes für das erwählte Volk Gottes und für die ganze Menschheit empfangen hat. Wörtlich bedeutet »Messias« »Christus«, das heißt »Gesalbter«, und in der Heilsgeschichte bezeichnet es »den mit dem Heiligen Geist Gesalbten«. Das war die prophetische Tradition des Alten Testamentes.

Als ihr Schüler wird Simon Petrus im Hause des Kornelius sagen: »Ihr wisst, was im ganzen Land der Juden geschehen ist... nach der Taufe, die Johannes verkündet hat: wie Gott Jesus von Nazaret gesalbt hat mit dem Heiligen Geist und mit Kraft«[50]. Von diesen Worten des Petrus und von vielen anderen ähnlichen Stellen[51] muss man vor allem auf die Verheißung des Jesaja zurückgehen, die mitunter »das fünfte Evangelium« oder auch »das Evangelium des Alten Testamentes« genannt wird.

Als Jesaja das Kommen einer geheimnisvollen Figur ankündigt, die die neutestamentliche Offenbarung mit Jesus identifizieren wird, verbindet er deren Person und Sendung mit einem besonderen Handeln des Geistes Gottes, des Geistes des Herrn. So lauten die Worte des Propheten:

»Aus dem Baumstumpf Isais wächst ein Zweig hervor, ein junger Trieb aus seinen Wurzeln bringt Frucht. Und der Geist des Herrn lässt sich nieder auf ihm: der Geist der Weisheit und der Einsicht, der Geist des Rates und der Stärke, der Geist der Erkenntnis und der Gottesfurcht. Mit dem Geist der Gottesfurcht erfüllt er ihn«[52].

Dieser Text ist wichtig für die gesamte Geistlehre des Alten Testamentes, weil er gleichsam eine Brücke bildet zwischen dem alten biblischen Begriff des »Geistes«, verstanden vor allem als »geisterfüllter Hauch«, und dem »Geist« als Person und Gabe, als Gabe für die Person. Der Messias aus dem Stamm Davids (»aus dem Baumstumpf Isais«) ist genau jene Person, auf der sich der Geist des Herrn »niederlässt«. Gewiss kann man an dieser Stelle noch nicht von der Offenbarung des »Beistandes« sprechen: Jedenfalls aber öffnet sich mit diesem verhüllten Hinweis auf die Figur des künftigen Messias der Weg, auf dem sich die volle Offenbarung des Heiligen Geistes in der Einheit des dreifaltigen Geheimnisses, wie sie schließlich im Neuen Bund offenkundig werden wird, vorbereitet.

16. Des Messias selbst ist dieser Weg. Im Alten Bund war die Salbung das äußere Symbol der Geistgabe geworden. Der Messias (mehr als jede andere gesalbte Person im Alten Bund) ist jener einzige große von Gott selbst Gesalbte. Er ist der Gesalbte im Sinne des vollen Besitzes des Gottesgeistes. Er selbst wird auch der Mittler sein, um diesen Geist dem ganzen Volk zu verleihen. Hierzu weitere Worte des Propheten: »Der Geist Gottes, des Herrn, ruht auf mir, denn der Herr hat mich gesalbt.

Er hat mich gesandt, damit ich den Armen eine gute Nachricht bringe und alle heile, deren Herz bedrückt ist, damit ich die Entlassung der Gefangenen verkünde und die Befreiung der Gefesselten, damit ich ein Jahr der göttlichen Gnade verkünde«[53].

Der Gesalbte ist auch zusammen mit dem Geist des Herrn gesandt: »Jetzt hat Gott der Herr mich und seinen Geist gesandt«[54]. Nach dem Buch Jesaja ist der Gesalbte und der zusammen mit dem Geist des Herrn Gesandte auch der erwählte Knecht des Herrn, auf dem der Geist Gottes ruht: »Seht, das ist mein Knecht, ich halte ihn an der Hand; das ist mein Erwählter, an ihm finde ich Gefallen, ich habe meinen Geist in ihn gelegt«[55].

Bekanntlich wird der Knecht des Herrn im Buch Jesaja als der wahre Schmerzensmann offenbart: als der Messias, der leidet für die Sünden der Welt[56]. Und dabei ist gerade er es, dessen Sendung der ganzen Menschheit wahre Heilsfrüchte bringen wird:

»Er wird den Völkern das Recht bringen«[57]; er wird »zum Bund des Volkes und zum Licht der Völker« werden[58], »auf dass er mein Heil bis ans Ende der Erde trage«[59].

Denn: »Mein Geist, der auf dir ruht, soll nicht von dir weichen, und meine Worte, die ich dir in den Mund gelegt habe, sollen immer in deinem Mund sein und im Mund deiner Kinder und im Mund deiner Enkel, jetzt und in Ewigkeit - spricht der Herr«[60].

Die hier angeführten prophetischen Texte müssen im Licht des Evangeliums gelesen werden - wie auch das Neue Testament seinerseits durch das wundervolle Licht dieser alttestamentlichen Texte in besonderer Weise erhellt wird. Der Prophet stellt den Messias als denjenigen dar, der in der Kraft des Heiligen Geistes kommt, der die Fülle dieses Geistes in sich selbst und zugleich für die anderen besitzt, für Israel, für alle Völker, für die ganze Menschheit.

Die Fülle des Geistes Gottes wird von vielfältigen Gaben begleitet, den Heilsgütern, die insbesondere für die Armen und Leidenden bestimmt sind, für alle, die ihr Herz diesen Gaben öffnen - manchmal durch schmerzvolle Erfahrungen ihres Lebens, aber vor allem mit jener inneren Bereitschaft, die aus dem Glauben kommt. Das erkannte spontan der greise Simeon, »ein gerechter und frommer Mann«, auf dem »der Heilige Geist ruhte«, im Augenblick der Darstellung Jesu im Tempel, als er in ihm »das Heil« erblickte, »das... vor allen Völkern bereitet« ist um den Preis des großen Leidens - des Kreuzes -, das er zusammen mit seiner Mutter werde auf sich nehmen müssen[61]. Das erkannte noch tiefer die Jungfrau Maria, die »durch den Heiligen Geist empfangen« hatte[62], als sie in ihrem Herzen über die »Geheimnisse« des Messias nachdachte, an dessen Seite sie gestellt war[63].

17. Man muss an dieser Stelle betonen, dass »der Geist des Herrn«, der auf dem kommenden Messias »ruhen« wird, deutlich ein Geschenk Gottes für die Person jenes Knechtes des Herrn darstellt.

Er selbst aber ist keine eigene, für sich allein stehende Person; denn er wirkt auf Geheiß des Herrn, kraft dessen Entscheidung und Wahl. Auch wenn das Heilshandeln des Messias, des Knechtes des Herrn, im Licht der Texte des Jesaja das Wirken des Geistes einschließt, das durch ihn selbst geschieht, so wird doch im alttestamentlichen Kontext noch keine Unterscheidung der handelnden Subjekte oder der göttlichen Personen nahegelegt, wie sie im dreifaltigen Geheimnis existieren und später im Neuen Testament offenbart werden. Bei Jesaja wie im ganzen Alten Testament bleibt der Personcharakter des Heiligen Geistes völlig verborgen: verborgen in der Offenbarung des einen Gottes wie auch in der Verheißung des kommenden Messias.

18. Jesus Christus wird sich am Beginn seines messianischen Wirkens auf diese bei Jesaja enthaltene Verheißung beziehen. Das wird in Nazaret selbst geschehen, wo er dreißig Jahre seines Lebens im Hause Josefs, des Zimmermanns, bei Maria, seiner jungfräulichen Mutter, verbracht hat.

Als er die Gelegenheit hatte, in der Synagoge das Wort zu ergreifen, öffnete er das Buch des Jesaja und fand die Stelle, in der geschrieben steht: »Der Geist des Herrn ruht auf mir; denn der Herr hat mich gesalbt«, und nachdem er den betreffenden Abschnitt vorgelesen hatte, sprach er zu den Anwesenden: »Heute hat sich das Schriftwort, das ihr eben gehört habt, erfüllt«[64]. Auf diese Weise bekannte und verkündete er, derjenige zu sein, der vom Vater »gesalbt« ist, also der Messias zu sein, derjenige, auf dem der Heilige Geist als Geschenk Gottes selbst ruht, derjenige, der die Fülle dieses Geistes besitzt und an dem sich der »neue Anfang« des Geschenkes zeigt, das Gott der Menschheit im Heiligen Geist macht.

5. Jesus von Nazaret, »erhöht« im Heiligen Geist

19. Auch wenn Jesus in seiner Heimatstadt Nazaret nicht als Messias angenommen wird, so wird doch am Beginn des öffentlichen Wirkens seine messianische Sendung im Heiligen Geist von Johannes dem Täufer dem Volk offenbart. Johannes, Sohn von Zacharias und Elisabet, verkündet am Jordan die Ankunft des Messias und spendet die Bußtaufe. Er sagt: »Ich taufe euch nur mit Wasser zum Zeichen der Umkehr. Der aber, der nach mir kommt, ist stärker als ich, und ich bin es nicht wert, ihm die Schuhe auszuziehen. Er wird euch mit dem Heiligen Geist und mit Feuer taufen«[65].

Johannes der Täufer verkündet den Messias, den Christus, nicht nur als denjenigen, der im Heiligen Geist »kommt«, sondern auch als den, der den Heiligen Geist »bringt«, wie Jesus selbst es im Abendmahlssaal deutlicher offenbaren wird. Johannes ist hier das treue Echo der Worte des Jesaja, die bei diesem Propheten des Alten Testamentes die Zukunft betrafen, während sie in seiner eigenen Verkündigung an den Ufern des Jordan die unmittelbare Hinführung zur neuen messianischen Wirklichkeit bilden. Johannes ist nicht nur ein Prophet, sondern auch ein Bote: Er ist der Vorläufer Christi. Was er verheißt, verwirklicht sich vor den Augen aller. Jesus von Nazaret kommt zum Jordan, um auch selbst die Bußtaufe zu empfangen.

Als Johannes ihn herankommen sieht, ruft er aus: »Seht, das Lamm Gottes, das die Sünde der Welt hinwegnimmt«[66]. Das sagt er unter der Eingebung des Heiligen Geistes[67] und bezeugt damit die Erfüllung der Weissagung des Jesaja. Gleichzeitig bekennt er seinen Glauben an die erlösende Sendung Jesu von Nazaret. Im Munde des Täufers Johannes ist »Lamm Gottes« ein Ausdruck der Wahrheit über den Erlöser, der nicht weniger reich an Inhalt ist als der von Jesaja benutzte Ausdruck »Knecht des Herrn«.

Durch das Zeugnis des Johannes am Jordan wird also Jesus von Nazaret, den die eigenen Mitbürger zurückgewiesen hatten, vor den Augen Israels als Messias hervorgehoben, als der vom Heiligen Geist »Gesalbte«. Und dieses Zeugnis wird noch bestärkt durch ein anderes Zeugnis einer höheren Ebene, wie die drei Synoptiker berichten. Denn als das ganze Volk sich taufen ließ und während Jesus nach seiner Taufe im Gebet verharrte, »öffnete sich der Himmel, und der Heilige Geist kam sichtbar in Gestalt einer Taube auf ihn herab«[68], und zugleich »sprach eine Stimme aus dem Himmel: Das ist mein geliebter Sohn, an dem ich Gefallen gefunden habe«[69].

Dies ist eine trinitarische Gotteserscheinung, die Zeugnis gibt für die Hervorhebung Christi bei der Taufe im Jordan. Sie bestätigt nicht nur das Zeugnis Johannes' des Täufers, sondern enthüllt eine noch tiefere Dimension der Wahrheit über Jesus von Nazaret als Messias: Der Messias ist der geliebte Sohn des Vaters. Seine feierliche Hervorhebung beschränkt sich nicht auf die messianische Sendung des »Knechtes des Herrn«. Im Licht der Gotteserscheinung am Jordan erreicht diese Hervorhebung sogar die Person des Messias selbst. Er wird hervorgehoben, weil er der Sohn des göttlichen Wohlgefallens ist. Die Stimme von oben nennt ihn »mein Sohn«.

20. Die Gotteserscheinung vom Jordan erhellt nur flüchtig das Geheimnis Jesu von Nazaret, dessen gesamtes Wirken sich in Gegenwart des Heiligen Geistes vollziehen wird[70].

Dieses Geheimnis sollte von Jesus selbst durch das, was «getan und gelehrt hat«[71] Schritt für Schritt enthüllt und bestätigt werden. Auf der Linie dieser Verkündigung sowie der messianischen Zeichen, die Jesus vollbrachte, bevor es zur Abschiedsrede im Abendmahlssaal kam, finden wir Ereignisse und Worte, die besonders wichtige Momente in dieser fortschreitenden Offenbarung bilden.

Der Evangelist Lukas, der Jesus bereits vorgestellt hat als »erfüllt vom Heiligen Geist« und »vom Geist in die Wüste geführt«[72], berichtet uns, dass Jesus nach der Rückkehr der 72 Jünger von der ihnen vom Meister aufgetragenen Sendung[73], während diese ihm voller Freude von den Ergebnissen ihres Wirkens erzählten, »in dieser Stunde, vom Heiligen Geist erfüllt, jubelnd ausgerufen hat: Ich preise dich, Vater, Herr des Himmels und der Erde, weil du all das den Weisen und Klugen verborgen, den Unmündigen aber offenbart hast. Ja, Vater, so hat es dir gefallen«[74]. Jesus jubelt aus Freude über die göttliche Vaterschaft; er jubelt, weil es ihm geschenkt ist, diese Vaterschaft zu offenbaren; er jubelt schließlich, weil sich diese göttliche Vaterschaft in besonderer Weise auf die »Unmündigen« erstreckt. Und der Evangelist nennt all dies »Jubel im Heiligen Geist«. Ein solcher Jubel drängt Jesus gewissermaßen dazu, uns noch mehr zu sagen. Hören wir: »Mir ist von meinem Vater alles übergeben worden; niemand weiß, wer der Sohn ist, nur der Vater, und niemand weiß, wer der Vater ist, nur der Sohn und der, dem es der Sohn offenbaren will«[75].

21. Was bei der Gotteserscheinung am Jordan sozusagen »von außen«, »von oben« kam, kommt hier »aus dem Innern«, aus der Tiefe dessen, was Jesus ist. Es ist dies eine weitere Offenbarung des Vaters und des Sohnes, die geeint sind im Heiligen Geist. Jesus spricht nur von der Vaterschaft Gottes und der eigenen Sohnschaft; er spricht nicht direkt vom Geist, der Liebe ist und darum Vater und Sohn verbindet.

Was er jedoch vom Vater und von sich selbst, dem Sohn, sagt, entspringt nichtsdestoweniger aus jener Fülle des Geistes, die in ihm ist, die sich in sein Herz ergießt, sein »Ich« selbst durchdringt und sein Wirken von innen her anregt und belebt. Von daher jener »Jubel im Heiligen Geist«.

Die Einheit Christi mit dem Heiligen Geist, der er sich vollkommen bewusst ist, drückt sich in jenem »Jubel« aus, der so deren verborgene Quelle gewissermaßen wahrnehmen lässt.

So ergibt sich eine besondere Offenbarung und Hervorhebung, wie sie dem Menschensohn, dem Christus und Messias, zu eigen ist, dessen Menschheit zur Person des Gottessohnes gehört, der mit dem Heiligen Geist in der Gottheit wesenhaft eins ist. In seinem wundervollen Bekenntnis der Vaterschaft Gottes offenbart Jesus von Nazaret auch sich selbst, sein göttliches »Ich«: Er ist fürwahr der Sohn »gleichen Wesens«, und darum »weiß niemand, wer der Sohn ist, nur der Vater, und niemand weiß, wer der Vater ist, nur der Sohn«; jener Sohn ist er, der »für uns Menschen und zu unserem Heil... Mensch geworden ist... durch den Heiligen Geist... von der Jungfrau Maria«.

6. Der auferstandene Christus: »Empfangt den Heiligen Geist«

22. Durch seine Darstellung führt uns Lukas ganz in die Nähe jener Wahrheit, die in der Abschiedsrede des Abendmahlssaals enthalten ist. Jesus von Nazaret, »erhöht« im Heiligen Geist, zeigt sich während dieser Rede und dieses Gespräches als derjenige, der den Geist »bringt«, der ihn um den Preis seines »Fortgehens« durch das Kreuz den Aposteln und der Kirche bringen und »geben« muss.

Das Wort »bringen« bedeutet hier vor allem »offenbaren«. Im Alten Testament, angefangen vom Buch der Genesis, ist uns der Geist Gottes in etwa bekannt geworden zunächst als »Hauch« Gottes, der das Leben gibt, als göttlicher »Lebenshauch«.

Im Buch Jesaja wird er dargestellt als »Gabe« für die Person des Messias, als derjenige, der auf ihm ruht, um das gesamte Heilswirken des »Gesalbten« von innen her zu lenken. Am Jordan hat die Verheißung des Jesaja eine konkrete Form angenommen: Jesus von Nazaret ist derjenige, der im Heiligen Geist kommt und diesen als seine Gabe in eigener Person bringt, um ihn durch seine Menschheit zu verbreiten: »Er wird euch im Heiligen Geist taufen«[76].

Im Lukasevangelium ist diese Offenbarung des Heiligen Geistes als innere Quelle des messianischen Lebens und Wirkens Jesu Christi bekräftigt und weiter entfaltet worden. Im Licht dessen, was Jesus in der Abschiedsrede des Abendmahlssaales sagt, wird der Heilige Geist in neuer und vollerer Weise offenbart. Er ist nicht nur eine Gabe für eine Person (für die Person des Messias), sondern ist als Gabe selbst eine Person. Jesus kündigt ihr Kommen an als das eines »anderen Beistandes«, der als Geist der Wahrheit die Apostel und die Kirche »in die ganze Wahrheit führen« wird[77]. Das wird geschehen aufgrund der besonderen Gemeinschaft zwischen dem Heiligen Geist und Christus: »Er wird von dem, was mein ist, nehmen und es euch verkünden[78]. Diese Gemeinschaft hat ihre ursprüngliche Quelle im Vater: »Alles, was der Vater hat, ist mein; darum habe ich gesagt: Er nimmt von dem, was mein ist, und wird es euch verkünden«[79]. Weil der Heilige Geist vom Vater stammt, wird er vom Vater gesandt[80]. Der Heilige Geist wurde zunächst gesandt als Gabe für den menschgewordenen Sohn, um die messianischen Verheißungen zu erfüllen. Nach dem »Fortgehen« Christi, des Sohnes, wird der Heilige Geist dem johanneischen Text zufolge direkt kommen - das ist seine neue Sendung -, um das Werk des Sohnes zu vervollständigen. So wird er es sein, der die neue Ära der Heilgeschichte zur Vollendung bringt.

23. Wir stehen an der Schwelle zu den Osterereignissen. Die neue, endgültige Offenbarung des Heiligen Geistes als Person, die ganz Gabe ist, geschieht gerade dann.

Die Osterereignisse - Leiden, Tod und Auferstehung Christi - sind auch die Zeit des erneuten Kommens des Heiligen Geistes, nun als Beistand und Geist der Wahrheit. Sie sind die Zeit des »neuen Anfangs« in der Selbstmitteilung des dreieinigen Gottes an die Menschheit im Heiligen Geist durch das Werk Christi, des Erlösers.

Dieser neue Anfang ist die Erlösung der Welt: »Denn Gott hat die Welt so sehr geliebt, dass er seinen einzigen Sohn hingab«[81]. Bereits im »Geben« des Sohnes, im Geschenk des Sohnes, zeigt sich das tiefste Wesen Gottes, der ja als göttliche Liebe die unerschöpfliche Quelle des Schenkens ist. Im Geschenk, das der Sohn gibt, vervollständigen sich die Offenbarung und das Schenken der ewigen Liebe: Der Heilige Geist, der in den unergründlichen Tiefen der Gottheit Geschenk als Person ist, wird durch den Sohn, das heißt durch das Ostergeheimnis, in einer neuen Weise den Aposteln und der Kirche und durch diese der Menschheit und der ganzen Welt geschenkt.

24. Seinen endgültigen Ausdruck erhält dieses Geheimnis am Tag der Auferstehung. An diesem Tag wird Jesus von Nazaret, »der dem Fleisch nach geboren ist als Nachkomme Davids«, wie der Apostel Paulus schreibt, »dem Geist der Heiligkeit nach eingesetzt... als Sohn Gottes in Macht seit der Auferstehung von den Toten«[82]. So kann man sagen, dass die »Erhöhung« Christi als Messias im Heiligen Geist ihren Höhepunkt in der Auferstehung erreicht, in der er sich als Sohn Gottes offenbart, »voll der Kraft«. Und diese Kraft, deren Quellen in der unergründlichen dreifaltigen Gemeinschaft sprudeln, zeigt sich vor allem darin, dass der auferstandene Christus sowohl die schon durch den Mund des Propheten ausgesprochene Verheißung Gottes: »Ich schenke euch ein neues Herz und gebe euch einen neuen Geist..., meinen Geist«[83], als auch seine eigene, den Aposteln gemachte Verheißung: »Wenn ich fortgegangen bin, so werde ich ihn zu euch senden«[84], erfüllt.

Es ist der Geist der Wahrheit, der Beistand, den der auferstandene Christus sendet, um uns in seine eigene Gestalt des Auferstandenen zu verwandeln[85].

So heißt es im Evangelium: »Am Abend dieses ersten Tages der Woche, als die Jünger aus Furcht vor den Juden die Türen verschlossen hatten, kam Jesus, trat in ihre Mitte und sagte zu ihnen: Friede sei mit euch! Nach diesen Worten zeigte er ihnen seine Hände und seine Seite. Da freuten sich die Jünger, dass sie den Herrn sahen. Jesus sagte noch einmal zu ihnen: Friede sei mit euch! Wie mich der Vater gesandt hat, so sende ich euch. Nachdem er das gesagt hatte, hauchte er sie an und sprach zu ihnen: Empfangt den Heiligen Geist!«[86].

Alle Einzelheiten dieses Schlüsseltextes des Johannesevangeliums haben ihre Aussagekraft, vor allem wenn wir sie im Bezug auf die Worte lesen, die am Beginn der Osterereignisse im selben Abendmahlssaal gesprochen worden sind. Nunmehr gelangen alle Ereignisse - das »Triduum sacrum«, die drei heiligen Tage Jesu, den der Vater gesalbt und in diese Welt gesandt hat - zu ihrer Erfüllung. Christus, der am Kreuz »seinen Geist aufgegeben hatte«[87] als Menschensohn und Lamm Gottes, geht gleich nach der Auferstehung zu den Aposteln, um sie mit jener Kraft »anzuhauchen«, von der der Römerbrief spricht[88]. Das Kommen des Herrn erfüllt die Anwesenden mit Freude: Ihr »Kummer wird sich in Freude verwandeln«[89], wie er selbst vor seinem Leiden schon versprochen hatte. Und vor allem verwirklicht sich die hauptsächliche Verheißung der Abschiedsrede: Der auferstandene Christus »bringt« den Aposteln, indem er gleichsam eine neue Schöpfung einleitet, den Heiligen Geist. Er bringt ihn um den Preis seines »Fortgehens«: Er schenkt ihnen diesen Geist gewissermaßen durch die Wunden seiner Kreuzigung: »Er zeigte ihnen seine Hände und seine Seite«. Kraft dieser Kreuzigung kann er ihnen sagen: »Empfangt den Heiligen Geist«. Es bildet sich so ein enges Band zwischen dem Senden des Sohnes und dem Senden des Heiligen Geistes.

Es gibt keine Sendung des Heiligen Geistes (nach der Ursünde) ohne das Kreuz und die Auferstehung: »Wenn ich nicht fortgehe, wird der Beistand nicht zu euch kommen«[90].

Es bildet sich auch ein enges Band zwischen der Sendung des Heiligen Geistes und der Sendung des Sohnes innerhalb der Erlösung. Die Sendung des Sohnes findet in gewissem Sinne ihre »Vollendung« in der Erlösung. Die Sendung des Heiligen Geistes »schöpft« aus der Erlösung: »Er nimmt von dem, was mein ist, und wird es euch verkünden«[91]. Die Erlösung wird vollständig gewirkt vom Sohn als dem Gesalbten, der in der Kraft des Heiligen Geistes gekommen ist und gehandelt hat, indem er sich schließlich am Holz des Kreuzes als Ganzopfer hingegeben hat. Aber zugleich wird diese Erlösung im Herzen und Gewissen der Menschen - in der Geschichte der Welt - vom Heiligen Geist, dem »anderen Beistand«, ständig gewirkt.

7. Der Heilige Geist und die Zeit der Kirche

25. »Als das Werk vollendet war, das der Vater dem Sohn auf Erden zu tun aufgetragen hatte (vgl. Joh 17, 4), wurde am Pfingsttag der Heilige Geist gesandt, auf dass er die Kirche immerfort heilige und die Gläubigen so durch Christus in einem Geiste Zugang hätten zum Vater (vgl. Eph 2, 18). Er ist der Geist des Lebens, die Quelle des Wassers, das zu ewigem Leben aufsprudelt (vgl. Joh 4, 14; 7, 38-39); durch ihn macht der Vater die in der Sünde erstorbenen Menschen lebendig, um endlich ihre sterblichen Leiber in Christus aufzuerwecken« (vgl. Röm 8, 10-11)[92].

In dieser Weise spricht das II. Vatikanische Konzil von der Geburt der Kirche am Pfingsttag. Dieses Ereignis bildet die endgültige Offenbarung dessen, was schon am Ostersonntag im selben Abendmahlssaal geschehen war. Der auferstandene Christus kam und »brachte« den Aposteln den Heiligen Geist. Er schenkt ihn mit den Worten: »Empfangt den Heiligen Geist«.

Was damals im Innern des Abendmahlssaals, bei »verschlossenen Türen«, geschehen war, wird später, am Pfingsttag, auch nach draußen getragen, vor die Menschen. Es öffnen sich die Türen des Saales, und die Apostel wenden sich den Einwohnern und den zum Fest anwesenden Pilgern in Jerusalem zu, um in der Kraft des Heiligen Geistes für Christus Zeugnis abzulegen. Auf diese Weise erfüllt sich die Verheißung: »Er (der Geist) wird für mich Zeugnis ablegen. Und auch ihr sollt Zeugnis ablegen, weil ihr von Anfang an bei mir seid«[93].

In einem anderen Dokument des II. Vatikanischen Konzils lesen wir: »Ohne Zweifel wirkte der Heilige Geist schon in der Welt, ehe Christus verherrlicht wurde. Am Pfingsttage jedoch ist er auf die Jünger herabgekommen, um auf immer bei ihnen zu bleiben. Die Kirche wurde vor der Menge öffentlich bekanntgemacht, und die Ausbreitung des Evangeliums unter den Heiden durch die Verkündigung nahm ihren Anfang«[94]. Die Zeit der Kirche hat begonnen mit dem »Kommen«, das heißt mit der Herabkunft des Heiligen Geistes auf die Apostel, die im Abendmahlssaal von Jerusalem mit Maria, der Mutter des Herrn, versammelt waren[95].

Die Zeit der Kirche hat in jenem Augenblick begonnen, als die Verheißungen und Ankündigungen, die sich so ausdrücklich auf den Beistand, auf den Geist der Wahrheit, bezogen, anfingen, sich in aller Macht und Deutlichkeit an den Aposteln zu erfüllen und so die Geburt der Kirche zu bewirken.

Hiervon spricht ausführlich und an vielen Stellen die Apostelgeschichte, aus der sich ergibt, dass der Heilige Geist im Bewusstsein der Urgemeinde, deren Überzeugungen Lukas wiedergibt, die unsichtbare - in gewisser Weise aber auch »wahrnehmbare« - Führung derer übernommen hat, die sich nach dem Fortgang des Herrn Jesus zutiefst als Waisen zurückgelassen fühlten. Mit dem Kommen des Geistes sahen sie sich nun in die Lage versetzt, die ihnen anvertraute Sendung zu erfüllen. Sie fühlten sich voller Kraft.

Ebendies hat der Heilige Geist bewirkt, und das bewirkt er in der Kirche ständig in ihren Nachfolgern. Das Gnadengeschenk des Heiligen Geistes, das die Apostel durch die Auflegung der Hände an ihre Mitarbeiter weitergaben, wird ja in der Bischofsweihe immer wieder übertragen. Die Bischöfe ihrerseits geben im Weihesakrament den geistlichen Anteil an dieser Gnadengabe und sorgen dafür, dass im Firmsakrament alle, die wiedergeboren sind aus dem Wasser und dem Geist, darin bestärkt werden. So bleibt die Pfingstgnade in gewisser Weise immer in der Kirche gegenwärtig.

Wie das Konzil schreibt, »wohnt der Geist in der Kirche und in den Herzen der Gläubigen wie in einem Tempel (vgl. 1 Kor 3, 16; 6, 19), in ihnen betet er und bezeugt ihre Annahme an Sohnes Statt (vgl. Gal 4, 6; Röm 8, 15-16 u. 26). Er führt die Kirche in alle Wahrheit ein (vgl. Joh 16, 13), eint sie in Gemeinschaft und Dienstleistung, bereitet und lenkt sie durch die verschiedenen hierarchischen und charismatischen Gaben und schmückt sie mit seinen Früchten (vgl. Eph 4, 11-12; 1 Kor 12, 4; Gal 5, 22). Durch die Kraft des Evangeliums lässt er die Kirche allezeit sich verjüngen, erneuert sie immerfort und geleitet sie zur vollkommenen Vereinigung mit ihrem Bräutigam«[96].

26. Die zitierten Stellen aus der Konzilskonstitution »Lumen gentium« sagen uns, dass mit dem Kommen des Heiligen Geistes die Zeit der Kirche begonnen hat.

Sie sagen uns auch, dass diese Zeit, die Zeit der Kirche, fortdauert. Sie dauert fort über die Jahrhunderte und Generationen hinweg. In unserem Jahrhundert, in dem sich die Menschheit bereits dem Ende des zweiten Jahrtausends nach Christus nähert, hat sich diese Zeit der Kirche einen besonderen Ausdruck im II. Vatikanischen Konzil gegeben, als dem Konzil unseres Jahrhunderts. Es ist ja bekannt, dass dies vor allem ein »ekklesiologisches« Konzil gewesen ist: ein Konzil über das Thema der Kirche.

Zugleich ist die Lehre dieses Konzils wesentlich »pneumatologisch«: durchdrungen von der Wahrheit über den Heiligen Geist als Seele der Kirche. Wir können sagen, dass das II. Vatikanische Konzil in seiner reichhaltigen Lehre gewiss alles enthält, »was der Geist den Kirchen sagt«[97] im Hinblick auf die gegenwärtige Phase der Heilsgeschichte.

Indem das Konzil der Führung des Geistes der Wahrheit gefolgt ist und zusammen mit ihm Zeugnis abgelegt hat, hat es die Gegenwart des Heiligen Geistes, des Beistandes, in besonderer Weise bestätigt. In gewissem Sinne hat es diesen in unserer schwierigen Epoche erneut »gegenwärtig« gesetzt. Im Licht dieser Überzeugung versteht man besser die große Bedeutung aller Initiativen, welche die Verwirklichung des II. Vatikanischen Konzils, seiner Lehre und seiner pastoralen wie ökumenischen Ausrichtung, zum Ziel haben. In diesem Sinne müssen auch die nachfolgenden Versammlungen der Bischofssynode gesehen und gewertet werden, die bewirken wollen, dass die Früchte der Wahrheit und der Liebe - die echten Früchte des Heiligen Geistes - ein bleibendes Gut des Volkes Gottes auf seiner irdischen Pilgerschaft durch die Jahrhunderte werden. Diese Arbeit der Kirche ist unerlässlich, um die vom Konzil geschenkten Heilsfrüchte des Geistes zu sichten und zu bestärken. Zu diesem Zweck muss man sie aufmerksam von allem zu »unterscheiden« wissen, was im Gegensatz dazu vor allem vom »Herrscher dieser Welt«[98] stammen kann. Diese Unterscheidung bei der Verwirklichung des Konzilswerkes ist um so notwendiger, als das Konzil sich der heutigen Welt so geöffnet hat, wie aus den wichtigen Konzilskonstitutionen »Gaudium et spes« und »Lumen gentium« klar ersichtlich ist.

Wir lesen in der Pastoralkonstitution: »Ist doch ihre eigene Gemeinschaft (der Jünger Christi) aus Menschen gebildet, die, in Christus geeint, vom Heiligen Geist auf ihrer Pilgerschaft zum Reich des Vaters geleitet werden und eine Heilsbotschaft empfangen haben, die allen auszurichten ist.

Darum erfährt diese Gemeinschaft sich mit der Menschheit und ihrer Geschichte wirklich engstens verbunden«[99]. »Die Kirche weiß sehr wohl, dass Gott, dem sie dient, allein die Antwort ist auf das tiefste Sehnen des menschlichen Herzens, das an den Gaben der Erde nie voll sich sättigen kann«[100]. Die »wunderbare Vorsehung (des Geistes Gottes) leitet den Lauf der Zeiten und erneuert das Antlitz der Erde«[101].

II. DER GEIST, DER DIE WELT IHRER SÜNDE ÜBERFÜHRT

1. Sünde, Gerechtigkeit und Gericht

27. Als Jesus während der Abschiedsrede im Abendmahlssaal das Kommen des Heiligen Geistes um den »Preis« seines Fortgehens ankündigt und verspricht: »Wenn ich fortgehe, werde ich ihn zu euch senden«, fügt er im gleichen Zusammenhang hinzu: »Und wenn er kommt, wird er die Welt überführen (und aufdecken), was Sünde, Gerechtigkeit und Gericht ist«[102]. Derselbe Beistand und Geist der Wahrheit, der versprochen ist als derjenige, der »lehren« und »erinnern«, der »Zeugnis ablegen« und »in die ganze Wahrheit einführen wird«, wird mit den soeben zitierten Worten angekündigt als jener, der »die Welt überführen (und aufdecken) wird, was Sünde, Gerechtigkeit und Gericht ist«. Bedeutungsvoll erscheint auch der Kontext. Jesus verbindet diese Ankündigung des Heiligen Geistes mit den Worten, die auf sein »Fortgehen« durch das Kreuz hinweisen, und unterstreicht sogar dessen Notwendigkeit: »Es ist gut für euch, dass ich fortgehe. Denn wenn ich nicht fortgehe, wird der Beistand nicht zu euch kommen«[103].

Noch wichtiger aber ist die Erklärung, die Jesus selbst zu diesen drei Worten - Sünde, Gerechtigkeit, Gericht - hinzufügt.

Denn er sagt: »Er wird die Welt überführen (und aufdecken), was Sünde, Gerechtigkeit und Gericht ist; Sünde, dass sie nicht an mich glauben; Gerechtigkeit, dass ich zum Vater gehe und ihr mich nicht mehr seht; Gericht, dass der Herrscher dieser Welt gerichtet ist«[104].

Sünde, Gerechtigkeit und Gericht haben im Denken Jesu einen sehr bestimmten Sinn, der sich von dem unterscheidet, den einer vielleicht diesen Worten geben möchte, unabhängig von der Erklärung dessen, der hier spricht. Diese Erklärung weist auch darauf hin, wie jenes »die Welt überführen« verstanden werden soll, welches der Heilige Geist bewirkt. Hier ist sowohl die Bedeutung der einzelnen Worte wie auch die Tatsache wichtig, dass Jesus sie miteinander im selben Satz verbunden hat.

»Sünde« bezeichnet an dieser Stelle den Unglauben, den Jesus inmitten der »Seinen« angetroffen hat, angefangen von seinen Mitbürgern in Nazaret. Sie bedeutet die Ablehnung seiner Sendung, die die Menschen dazu führt, ihn zum Tod zu verurteilen. Wenn Jesus anschließend von »Gerechtigkeit« spricht, scheint er jene endgültige Gerechtigkeit vor Augen zu haben, die der Vater ihm zuteil werden lässt, wenn er ihn mit der Herrlichkeit der Auferstehung und der Himmelfahrt bekleidet: »Ich gehe zum Vater«. Im Zusammenhang der so verstandenen »Sünde« und »Gerechtigkeit« bedeutet »Gericht« sodann, dass der Geist der Wahrheit die Schuld der »Welt« an der Verurteilung Jesu zum Tod am Kreuz aufzeigen wird. Doch ist Christus nicht nur in die Welt gekommen, um sie zu richten und zu verurteilen: Er ist gekommen, um sie zu retten[105]. Die Welt der Sünde und der Gerechtigkeit zu überführen, hat ihre Rettung zum Ziel, das Heil der Menschen. Genau diese Wahrheit scheint durch die Feststellung betont zu werden, dass das »Gericht« nur den »Herrscher dieser Welt«, das heißt Satan, betrifft, der von Anfang an das Werk der Schöpfung gegen das Heil, gegen den Bund und die Einheit des Menschen mit Gott missbraucht: Er ist von Anfang an »schon gerichtet«. Wenn der Geist, der Beistand, die Welt gerade dem Gericht überführen soll, so geschieht dies, um das Heilswerk Christi fortzusetzen.

28. Wir wollen hier unsere Aufmerksamkeit hauptsächlich auf diese Sendung des Heiligen Geistes richten, die die »Welt der Sünde überführen« soll, dabei aber zugleich auf den allgemeinen Kontext der Worte Jesu beim Abendmahl achten. Der Heilige Geist, der vom Sohn das Werk der Erlösung der Welt übernimmt, übernimmt eben damit die Aufgabe, »der Sünde zu überführen«, um zu heilen. Dieses Überführen steht in ständiger Beziehung zur »Gerechtigkeit«, das heißt zum endgültigen Heil in Gott, zur Vollendung der Heilsökonomie, deren Mitte der gekreuzigte und verherrlichte Christus ist. Diese Heilsökonomie Gottes entzieht den Menschen gewissermaßen dem »Gericht«, der Verdammung, von der die Sünde Satans, des »Herrschers dieser Welt«, betroffen ist, der aufgrund seiner Sünde »Beherrscher dieser finsteren Welt«[106] geworden ist. Durch einen solchen Bezug zum »Gericht« eröffnet sich ein weiter Horizont für das Verständnis von »Sünde« und auch von »Gerechtigkeit«. Indem der Heilige Geist vor dem Hintergrund des Kreuzes Christi die Sünde in der Heilsökonomie (sozusagen »die erlöste Sünde«) aufzeigt, lässt er uns zugleich verstehen, wie es auch zu seiner Sendung gehört, jener Sünde zu »überführen«, die schon endgültig verurteilt ist (»die verurteilte Sünde«).

29. Alle Worte, die vom Erlöser im Abendmahlssaal vor seinem Leiden gesprochen wurden, prägen sich der Zeit der Kirche ein: vor allem jene über den Heiligen Geist als Beistand und Geist der Wahrheit. Sie prägen sich ihr in immer neuer Weise ein, in jeder Generation, in jeder Epoche. Soweit es unser Jahrhundert betrifft, wird dies von der gesamten Lehre des II. Vatikanischen Konzils, besonders aber von der Pastoralkonstitution »Gaudium et spes«, bestätigt. Viele Abschnitte dieses Dokumentes zeigen deutlich, dass sich das Konzil, indem es sich dem Licht des Geistes der Wahrheit öffnet, als der wahre Hort der Ankündigungen und Verheißungen versteht, die Christus den Aposteln und der Kirche in seiner Abschiedsrede gemacht hat: in besonderer Weise jener Ankündigung, nach welcher der Heilige Geist die Welt überführen (und aufdecken) soll, »was Sünde, Gerechtigkeit und Gericht ist«.

Das zeigt schon der Text, in welchem das Konzil erklärt, wie es »die Welt« versteht: »Vor seinen (des Konzils) Augen steht also die Welt der Menschen, das heißt die ganze Menschheitsfamilie mit der Gesamtheit der Wirklichkeiten, in denen sie lebt; die Welt, der Schauplatz der Geschichte der Menschheit, von ihren Unternehmungen, Niederlagen und Siegen geprägt; die Welt, die nach dem Glauben der Christen durch die Liebe des Schöpfers begründet ist und erhalten wird; die unter die Knechtschaft der Sünde geraten, von Christus aber, dem Gekreuzigten und Auferstandenen, durch Brechung der Herrschaft des Bösen befreit wurde; bestimmt, umgestaltet zu werden nach Gottes Heilsratschluss und zur Vollendung zu kommen«[107]. In Bezug auf diese kurz zusammenfassende Beschreibung sind alle anderen Abschnitte in dieser Pastoralkonstitution zu lesen, die mit ganzem Glaubensrealismus die Situation der Sünde in der gegenwärtigen Welt aufzuzeigen und auch ihr Wesen von verschiedenen Seiten her zu erklären suchen[108]. Wenn Jesus am Vorabend des Osterfestes vom Heiligen Geist als jenem spricht, der »die Welt der Sünde überführen wird«, muss man seiner Aussage einerseits den größtmöglichen Umfang beimessen, insofern sie die Gesamtheit der Sünden in der Geschichte der Menschheit umfasst.

Wenn Jesus andererseits jedoch erklärt, dass diese Sünde darin besteht, dass »sie nicht an ihn glauben«, so scheint dieser Umfang sich auf diejenigen zu beschränken die die messianische Sendung des Menschensohnes verworfen und ihn zum Kreuzestod verurteilt haben. Aber es ist offenkundig, dass dieser mehr »eingeschränkte« und geschichtlich festgelegte Umfang der Bedeutung von Sünde schließlich universale Ausmaße annimmt aufgrund der Universalität der Erlösung, die durch das Kreuz vollbracht worden ist. Die Offenbarung des Geheimnisses der Erlösung eröffnet den Weg zu einem Verständnis, in dem jede Sünde, wo und wann auch immer sie begangen wurde, auf das Kreuz Christi bezogen wird - und so indirekt auch auf die Sünde jener, die »nicht an ihn geglaubt haben«, indem sie Jesus Christus zum Tod am Kreuz verurteilt haben.

Von diesem Gesichtspunkt her müssen wir noch einmal zum Pfingstereignis zurückkehren.

2. Das Zeugnis des Pfingsttages

30. Die Verheißungen Christi in seiner Abschiedsrede und insbesondere die Ankündigung, die wir hier behandeln: »Der Beistand... wird die Welt der Sünde überführen«, fanden am Pfingsttag ihre wörtliche und unmittelbare Bestätigung. An jenem Tag kam der verheißene Heilige Geist auf die Apostel herab, die zusammen mit Maria, der Mutter Jesu, im gleichen Abendmahlssaal zum Gebet versammelt waren, wie wir in der Apostelgeschichte lesen: »Alle wurden mit dem Heiligen Geist erfüllt und begannen, in fremden Sprachen zu reden, wie es der Geist ihnen eingab«[109], »indem sie so die verstreuten Rassen zur Einheit führten und dem Vater das Erstlingsopfer aller Nationen darboten«[110].

Die Beziehung zwischen diesem Ereignis und der Ankündigung Christi ist offenkundig. Wir sehen hier die erste und grundlegende Erfüllung der Verheißung des Beistandes.

Vom Vater gesandt, kommt dieser »nach« dem Fortgehen Christi, »um dessen Preis«. Dies ist zunächst ein Fortgehen durch seinen Tod am Kreuz, dann aber auch, 40 Tage nach seiner Auferstehung, durch seine Himmelfahrt. Noch im Augenblick der Himmelfahrt gebietet Jesus den Aposteln: »Geht nicht weg von Jerusalem, sondern wartet auf die Verheißung des Vaters«, »ihr werdet schon in wenigen Tagen mit dem Heiligen Geist getauft«; »ihr werdet die Kraft des Heiligen Geistes empfangen, der auf euch herabkommen wird; und ihr werdet meine Zeugen sein in Jerusalem und in ganz Judäa und Samarian und bis an die Grenzen der Erde«[111].

Diese letzten Worte enthalten ein Echo oder eine Erinnerung an die Verheißung im Abendmahlssaal. Am Pfingsttag erfüllt sich diese Verheißung ganz genau.

Unter dem Antrieb des Heiligen Geistes, den die Apostel während des Gebetes im Abendmahlssaal empfangen haben, zeigt sich Petrus vor einer großen Schar von Menschen verschiedener Sprachen, die zum Fest versammelt sind, und spricht zu ihnen. Er verkündet, was er vorher nicht den Mut gehabt hätte zu sagen: »Israeliten, ... Jesus, den Nazoräer, den Gott vor euch beglaubigt hat durch machtvolle Taten, Wunder und Zeichen, die er durch ihn in eurer Mitte getan hat..., ihn, der nach Gottes beschlossenem Willen und Vorauswissen hingegeben wurde, habt ihr durch die Hand von Gesetzlosen ans Kreuz geschlagen und umgebracht. Gott aber hat ihn von den Wehen des Todes befreit und auferweckt; denn es war unmöglich, dass er vom Tod festgehalten wurde«[112].

Jesus hatte es vorausgesagt und versprochen: »Er wird Zeugnis für mich ablegen, und auch ihr sollt Zeugnis ablegen«. Mit der ersten Rede des Petrus in Jerusalem nimmt jenes »Zeugnis« seinen deutlichen Anfang: Es ist das Zeugnis über Christus, den Gekreuzigten und Auferstandenen, das Zeugnis des Geistes und Beistandes sowie das der Apostel. In den Worten jenes ersten Zeugnisses »überführt« der Geist der Wahrheit durch den Mund des Petrus »die Welt der Sünde«: vor allem jener Sünde, die in der Zurückweisung Christi bis zur Verurteilung zum Tod, bis zum Kreuz auf Golgota, besteht. Verkündigungen mit ähnlichem Inhalt wiederholen sich nach den Texten der Apostelgeschichte bei anderen Gelegenheiten und an verschiedenen Orten[113].

31. Von diesem Erstzeugnis zu Pfingsten an ist das Handeln des Geistes der Wahrheit, der die Welt der Sünde der Zurückweisung Christi überführt, eng mit der Bezeugung des österlichen Geheimnisses verbunden: mit dem Geheimnis des Gekreuzigten und Auferstandenen. In dieser Verbindung offenbart dieses »der Sünde überführen« seine heilschaffende Dimension. Es ist ja ein »Überführen«, dessen Ziel nicht die bloße Anklage der Welt ist, noch weniger ihre Verdammung.

Jesus Christus ist nicht in die Welt gekommen, um sie zu verurteilen und zu verdammen, sondern um sie zu retten[114]. Das wird bereits in dieser ersten Rede unterstrichen, wenn Petrus ausruft: »Mit Gewissheit erkenne also das ganze Haus Israel: Gott hat ihn zum Herrn und Messias gemacht, diesen Jesus, den ihr gekreuzigt habt«[115]. Und als darauf die Anwesenden Petrus und die anderen Apostel fragen: »Was sollen wir tun, Brüder?« antwortet dieser: »Kehrt um, und jeder von euch lasse sich auf den Namen Jesu Christi taufen zur Vergebung seiner Sünden; dann werdet ihr die Gabe des Heiligen Geistes empfangen«[116]. Auf diese Weise wird das »der Sünde überführen« zugleich ein Überzeugen von der Vergebung der Sünden in der Kraft des Heiligen Geistes.

In seiner Rede zu Jerusalem ruft Petrus zur Umkehr auf, so wie Jesus seine Zuhörer am Beginn seiner messianischen Sendung aufgerufen hat[117]. Umkehr erfordert, von der Sünde überzeugt zu werden; sie enthält ein inneres Gewissensurteil, und da dieses eine Prüfung durch das Handeln des Geistes der Wahrheit im Herzen des Menschen ist, wird es zugleich zum Beginn einer neuen Ausspendung von Gnade und Liebe: »Empfangt den Heiligen Geist«[118]. Wir entdecken so in diesem »der Sünde überführen« eine doppelte Gabe: das Geschenk der Wahrheit des Gewissens und das Geschenk der Gewissheit der Erlösung. Der Geist der Wahrheit ist auch der Beistand.

Das Überführen der Sünde durch den Dienst der apostolischen Verkündigung in der Urkirche, wird - unter dem Antrieb des Pfingstgeistes - auf die erlösende Kraft des gekreuzigten und auferstandenen Christus bezogen. So erfüllt sich die auf den Heiligen Geist gerichtete vorösterliche Verheißung: »Er nimmt von dem, was mein ist, und wird es euch verkünden«. Wenn darum Petrus während des Pfingstereignisses von der Sünde jener spricht, die »nicht geglaubt haben«[119] und die Jesus von Nazaret einem schmachvollen Tod übergeben haben, legt er Zeugnis ab für den Sieg über die Sünde:

Ein Sieg, der in gewissem Sinne »durch« die größte Sünde vollbracht worden ist, die der Mensch begehen konnte: die Tötung Jesu, des Gottessohnes, der dem Vater wesensgleich ist! Ähnlich besiegt der Tod des Sohnes Gottes den Tod des Menschen »Ich werde dein Tod sein, o Tod«,[120] wie die Sünde, den Sohn Gottes gekreuzigt zu haben, die menschliche Sünde »besiegt«! Jene Sünde, die sich am Karfreitag in Jerusalem ereignete - und auch jede Sünde des Menschen. Der größten Sünde von Seiten des Menschen entspricht nämlich im Herzen des Erlösers die Darbietung der höchsten Liebe, die das Böse aller Sünden der Menschen überwindet.

Auf der Grundlage dieser Gewissheit zögert die Kirche nicht, in der römischen Liturgie jedes Jahr während der Feier der Osternacht, wenn der Diakon die Auferstehung mit dem Gesang des »Exsultet« verkündet, die Worte zu wiederholen: »O glückliche Schuld!«

32. Von dieser unsagbaren Wahrheit kann jedoch niemand die Welt, den Menschen, das menschliche Gewissen überzeugen, wenn nicht er selbst, der Geist der Wahrheit. Er ist der Geist, der »die Tiefen Gottes ergründet«[121]. Angesichts des Geheimnisses der Sünde muss man »die Tiefen Gottes« ganz und gar ergründen. Es genügt nicht, das menschliche Gewissen, das innerste Geheimnis des Menschen zu durchforschen, sondern man muss in das innerste Geheimnis Gottes vordringen, in jene »Tiefen Gottes«, die man so zusammenfassen kann: zum Vater - im Sohn - durch den Heiligen Geist. Der Heilige Geist ist es, der sie »ergründet«, und von dort her gibt er die Antwort Gottes auf die Sünde des Menschen. Mit dieser Antwort endet der Vorgang, durch den dieser »die Welt ihrer Sünde überführt«, wie es das Pfingstereignis deutlich macht.

Indem der Heilige Geist so die »Welt« der Sünde von Golgota, des Todes des unschuldigen Lammes, überführt, wie es am Pfingsttag geschieht, deckt er auch jede andere Sünde auf, die an jedem Ort und in jedem Augenblick der Geschichte des Menschen begangen wird: Er beweist ihren Bezug zum Kreuz Christi.

Dieses »Überführen« ist der Aufweis des Bösen der Sünde, in ihrem Bezug zum Kreuz Christi. In diesem Zusammenhang wird die Sünde in der ganzen Tiefe des Bösen erkannt, die ihr eigen ist, in ihrem »mysterium iniquitatis«, dem »Geheimnis des Bösen«[122], das in ihr enthalten und verborgen ist. Der Mensch kennt diese Tiefe nicht - ohne das Kreuz Christi kann er sie in keiner Weise erkennen. Er kann deshalb nur vom Heiligen Geist davon »überzeugt« werden, dem Geist der Wahrheit, aber auch des Trostes.

Wenn die Sünde in ihrem Zusammenhang mit dem Kreuz Christi dargestellt wird, wird sie zugleich auch in der ganzen Tiefe des »Geheimnisses unseres Glaubens«[123] erkannt, wie das nachsynodale Apostolische Schreiben »Reconciliatio et paenitentia« aufgezeigt hat[124]. Auch diese Dimension der Sünde erkennt der Mensch in keiner Weise ohne das Kreuz Christi. Und auch von ihr kann er nur durch den Heiligen Geist »überzeugt« werden: von ihm, der »die Tiefen Gottes ergründet«.

3. Das Zeugnis vom Anfang: die Ursünde

33. Diese Dimension der Sünde finden wir im Zeugnis vom Anfang, wie es das »Buch Genesis«[125] berichtet. Es ist die Sünde, die nach dem geoffenbarten Wort Gottes den Anfang und die Wurzel aller anderen Sünden bildet. Wir befinden uns hier am Ursprung der Sünde in der Geschichte des Menschen und zugleich im Ganzen der Heilsökonomie. Man kann sagen, dass in dieser Sünde »das Geheimnis des Bösen« seinen Anfang nahm, aber auch, dass gerade an dieser Sünde die erlösende Kraft des »Geheimnisses unseres Glaubens« besonders deutlich und wirksam wird. Das drückt der heilige Paulus aus, wenn er dem »Ungehorsam« des ersten Adam den »Gehorsam« Christi, des zweiten Adam, gegenüberstellt: »Er war gehorsam bis zum Tod«[126].

Nach dem Zeugnis vom Anfang geschieht die Ursünde im Willen - und im Gewissen - des Menschen vor allem als »Ungehorsam«, als Widerstand des menschlichen Willens gegen den Willen Gottes.

Dieser Ungehorsam des Anfangs setzt die Zurückweisung oder zumindest das Abweichen von der Wahrheit voraus, die im Wort Gottes enthalten ist, der die Welt erschafft. Dieses Wort ist dasselbe, das »am Anfang... bei Gott« war, das »Gott war« und »ohne das nichts wurde, was geworden ist«; denn »die Welt ist durch ihn geworden«[127]. Dieses Wort ist auch ewiges Gesetz, Ursprung jeden Gesetzes, das die Welt und besonders die menschlichen Akte ordnet. Wenn Jesus Christus also am Vorabend seines Leidens von der Sünde jener spricht, die »nicht an ihn glauben«, enthalten diese seine Worte voller Schmerz gleichsam ein fernes Echo jener Sünde, die sich in ihrer Urform wie ein dunkler Schatten über das Geheimnis der Schöpfung legt. Der hier spricht, ist ja nicht nur der Menschensohn, sondern jener, der auch »der Erstgeborene der ganzen Schöpfung ist«; »denn in ihm wurde alles erschaffen, ... durch ihn und auf ihn hin«[128]. Im Licht dieser Wahrheit versteht man, dass der »Ungehorsam« im Geheimnis des Anfangs in gewissem Sinne dasselbe »Nicht-Glauben« voraussetzt, jenes gleiche »sie haben nicht geglaubt«, wie es sich gegenüber dem österlichen Geheimnis wiederholen wird. Wie bereits gesagt, handelt es sich um die Zurückweisung oder zumindest um das Abweichen von der Wahrheit im Wort des Vaters. Die Zurückweisung äußert sich praktisch als »Ungehorsam«, im Eingehen auf die Versuchung, die vom »Vater der Lüge«[129] ausgeht. An der Wurzel menschlicher Sünde steht also die Lüge, radikale Zurückweisung der Wahrheit, die im Wort des Vaters enthalten ist, durch das sich die liebevolle Allmacht des Schöpfers ausdrückt: die Allmacht und zugleich die Liebe »Gottes des Vaters, des Schöpfers des Himmels und der Erde«.

34. »Der Geist Gottes«, der nach der biblischen Darstellung der Schöpfung »über den Wassern schwebte«[130], bezeichnet denselben »Geist, der die Tiefen Gottes ergründet«: Er ergründet die Tiefen des Vaters sowie des Sohnes und Ewigen Wortes im Geheimnis der Schöpfung. Er ist nicht nur der unmittelbare Zeuge ihrer gegenseitigen Liebe, aus der die Schöpfung hervorgeht, sondern ist selbst diese Liebe. Er selbst ist als Liebe ewiges, unerschaffenes Geschenk. In ihm ist der Ursprung und Anfang jeder Gabe für die Geschöpfe. Das Zeugnis vom Anfang, das wir vom Buch Genesis an in der ganzen Offenbarung finden, ist in diesem Punkt eindeutig. Erschaffen heißt aus dem Nichts in das Sein rufen; erschaffen will also sagen, Existenz schenken. Und wenn die sichtbare Welt für den Menschen geschaffen wird, dann wird ihm damit die Welt als Geschenk gegeben[131]. Gleichzeitig erhält derselbe Mensch für sein Wesen ein besonderes »Bild und Gleichnis« Gottes zum Geschenk. Das bedeutet nicht nur Verstand und Freiheit als konstitutive Eigenschaften der menschlichen Natur, sondern auch von Anfang an die Fähigkeit zur personalen Beziehung mit Gott, als »ich« und »du«, und so die Fähigkeit, einen Bund mit ihm zu schließen, zu dem es durch die heilschaffende Selbstmitteilung Gottes an den Menschen kommen wird. Auf dem Hintergrund jenes »Bildes und Gleichnisses« Gottes bedeutet »das Geschenk des Geistes« schließlich die Berufung zur Freundschaft, bei der sich die transzendenten »Tiefen Gottes« gleichsam öffnen, damit der Mensch daran teilhaben kann. Das II. Vatikanische Konzil lehrt: »Der unsichtbare Gott (vgl. Kol 1, 15; 1 Tim 1, 17) redet aus überströmender Liebe die Menschen an wie Freunde (vgl. Ex 33, 11; Joh 15, 14-15) und verkehrt mit ihnen (vgl. Bar 3, 38), um sie in seine Gemeinschaft einzuladen und aufzunehmen«[132].

35. Deswegen kennt der Geist, der »alles, auch die Tiefen Gottes ergründet«, von Anfang an »die Geheimnisse des Menschen«[133].

Aus diesem Grund kann nur er vollkommen »der Sünde überführen«, die es von Anfang an gab, jener Sünde, die die Wurzel aller anderen Sünden und der Herd der Sündhaftigkeit des Menschen auf der Erde ist, der nie erlischt. Der Geist der Wahrheit kennt die Ursünde, die durch den »Vater der Lüge« - durch den, der schon »gerichtet ist«[134] - im Willen des Menschen verursacht wird. Der Heilige Geist überführt also die Welt der Sünde im Hinblick auf dieses »Urteil«, aber auch, indem er ständig zu jener »Gerechtigkeit« hinführt, die dem Menschen zusammen mit dem Kreuz Christi offenbart worden ist: durch »den Gehorsam bis zum Tod«[135].

Nur der Heilige Geist kann der Sünde des menschlichen Anfangs überführen, er allein, der die Liebe des Vaters und des Sohnes ist, er, der ganz und gar Geschenk ist, während die Sünde des menschlichen Anfangs in der Lüge und in der Zurückweisung dieses Geschenkes und dieser Liebe besteht, die über den Anfang der Welt und des Menschen bestimmen.

36. Dem Zeugnis vom Anfang entsprechend, das wir in der Heiligen Schrift und in der Tradition finden, wird die Sünde nach der ersten und auch vollständigeren Beschreibung im Buch Genesis in ihrer ursprünglichen Form als »Ungehorsam« verstanden, was einfach und direkt Übertretung eines von Gott gegebenen Verbotes bedeutet[136]. Aber im Licht des ganzen Zusammenhanges ist es auch offenkundig, dass die Wurzeln dieses Ungehorsams in der Tiefe der gesamten konkreten Wirklichkeit des Menschen gesucht werden müssen. Nachdem er ins Dasein gerufen ist, bleibt der Mensch - Mann und Frau - ein Geschöpf. Das »Abbild Gottes«, das in Vernunft und Freiheit besteht, besagt die Größe und die Würde des Menschen, der Person ist.

Aber diese Person bleibt doch immer ein Geschöpf: In ihrem Sein und Wesen hängt sie vom Schöpfer ab. Nach dem Buch Genesis sollte »der Baum der Erkenntnis des Guten und des Bösen« die für ein geschaffenes Wesen unüberschreitbare »Grenze« zum Ausdruck bringen und sie dem Menschen ständig in Erinnerung rufen.

So wird als das Verbot Gottes verstanden: Der Schöpfer verbietet dem Mann und der Frau, von den Früchten des Baumes der Erkenntnis von Gut und Böse zu essen. Die Worte der Einflüsterung oder Versuchung, wie sie in der Heiligen Schrift beschrieben wird, verführen dazu, dieses Verbot zu übertreten - das heißt, die »Grenze« zu überschreiten: »Sobald ihr davon esst, gehen euch die Augen auf; ihr werdet wie Gott (>wie Götter<) und erkennt Gut und Böse«[137]. Der »Ungehorsam« bedeutet genau die Überschreitung jener Grenze, die doch für Willen und Freiheit des Menschen als eines geschaffenen Wesens unüberschreitbar bleibt. Gott, der Schöpfer, ist nämlich die einzige und entscheidende Quelle der sittlichen Ordnung in der Welt, die von ihm geschaffen ist. Der Mensch kann nicht aus sich selbst entscheiden, was gut und was böse ist - er kann nicht wie Gott »Gut und Böse erkennen«. Ja, in der geschaffenen Welt bleibt Gott die erste und oberste Quelle, um Gut und Böse durch die innere Wahrheit des Seins zu bestimmen, die ein Abglanz des göttlichen Wortes ist, des ewigen und dem Vater wesensgleichen Sohnes. Dem nach dem Bild Gottes geschaffenen Menschen gibt der Heilige Geist als Geschenk das Gewissen, damit darin das Bild sein Modell getreu widerspiegeln kann, das Weisheit und Ewiges Gesetz zugleich ist, die Quelle der sittlichen Ordnung im Menschen und in der Welt. Der »Ungehorsam« als ursprüngliche Dimension der Sünde bedeutet die Zurückweisung dieser Quelle wegen des Anspruchs des Menschen, selbst autonome und alleinige Quelle für die Bestimmung von Gut und Böse zu werden.

Der Geist, der »die Tiefen Gottes ergründet« und zugleich für den Menschen das Licht seines Gewissens und die Quelle der sittlichen Ordnung ist, kennt diese Dimension der Sünde, die in das Geheimnis des menschlichen Anfangs eingeschrieben ist, in ihrer ganzen Tiefe. Und er lässt nicht ab, in Bezug auf das Kreuz Christi auf Golgota die Welt dessen zu »überführen«.

37. Nach dem Zeugnis vom Anfang hat sich Gott selbst in der Schöpfung als Allmacht offenbart, die Liebe ist. Gleichzeitig hat er dem Menschen offenbart, dass er als »Bild und Gleichnis« seines Schöpfers dazu berufen ist, an der Wahrheit und Liebe teilzuhaben. Diese Teilhabe bedeutet ein Leben in Gemeinschaft mit Gott, der das »ewige Leben« ist[138]. Der Mensch aber hat sich unter dem Einfluss des »Vaters der Lüge« von dieser Teilhabe gelöst. In welchem Ausmaß? Gewiss nicht nach dem Maß der Sünde eines reinen Geistes, nach dem Maß also der Sünde Satans. Der menschliche Geist ist unfähig, ein solches Maß zu erreichen[139]. Bereits in der Darstellung der Genesis kann man leicht den graduellen Unterschied zwischen dem »bösen Hauch« dessen, der »von Anfang an sündigt (oder in der Sünde verharrt)«[140] und der schon »gerichtet ist«[141], und der Bosheit des Ungehorsams des Menschen feststellen.

Aber auch dieser Ungehorsam bedeutet immer, Gott den Rücken zu kehren, in gewissem Sinn ein Sichverschließen der menschlichen Freiheit ihm gegenüber. Er bedeutet aber auch eine gewisse Öffnung dieser Freiheit - des Gewissens und des menschlichen Willens - auf den hin, der der »Vater der Lüge« ist. Dieser Akt bewusster Entscheidung ist nicht bloß »Ungehorsam«, sondern bringt auch eine gewisse Zustimmung zu jener Motivation mit sich, die in der ersten Anstiftung zur Sünde enthalten ist und in der ganzen Geschichte des Menschen auf Erden ständig erneuert wird: »Gott weiß vielmehr: Sobald ihr davon esst, gehen euch die Augen auf; ihr werdet wie Gott und erkennt Gut und Böse«.

Wir befinden uns hier mitten im Zentrum dessen, was man das »Gegen-Wort«, das heißt die »Gegen-Wahrheit«, nennen könnte. Die Wahrheit des Menschen wird in der Tat verfälscht: wer der Mensch ist und welches die unüberschreitbaren Grenzen seines Seins und seiner Freiheit sind. Diese »Gegen-Wahrheit« ist möglich, weil gleichzeitig die Wahrheit darüber, wer Gott ist, vollständig verfälscht wird. Gott, der Schöpfer, wird im Gewissen des Geschöpfes verdächtigt, ja sogar angeklagt.

Zum ersten Mal in der Geschichte des Menschen erscheint hier der böse »Geist der Verdächtigung«. Er sucht das Gute an sich, das absolute Gute, zu »verfälschen«, das sich gerade im Schöpfungswerk als das Gute offenbart hat, das sich in unsagbarer Weise schenkt: als »bonum diffusivum sui« - als das Gute, das sich verströmt -, als schöpferische Liebe. Wer könnte vollkommen »der Sünde überführen« oder diese Motivation des ursprünglichen Ungehorsams des Menschen aufdecken, wenn nicht der, der allein das Geschenk und die Quelle aller Ausspendung ist, wenn nicht der Geist, der »die Tiefen Gottes ergründet« und der die Liebe des Vaters und des Sohnes ist?

38. Gegen das gesamte Zeugnis der Schöpfung und der mit ihr verbundenen Heilsökonomie ist der Geist der Finsternis[142] dazu fähig, Gott als Feind seines eigenen Geschöpfes hinzustellen und vor allem als Feind des Menschen, als Quelle von Gefahr und Bedrohung für den Menschen. Auf diese Weise wird von Satan in die Seele des Menschen der Keim des Widerstandes gegen den eingepflanzt, der als Feind des Menschen »von Anbeginn« betrachtet werden soll - und nicht als Vater. Der Mensch wird herausgefordert, der Gegner Gottes zu werden!

Die Analyse der Sünde in ihrer ursprünglichen Dimension zeigt, dass der »Vater der Lüge« die Menschheitsgeschichte hindurch einen ständigen Druck ausübt zur Zurückweisung Gottes von Seiten des Menschen bis hin zum Hass: »Amor sui usque ad contemptum Dei« - »Selbstliebe bis zur Verachtung Gottes«, wie es der heilige Augustinus ausdrückt[143]. Der Mensch neigt dann dazu, in Gott vor allem seine eigene Begrenzung zu sehen und nicht die Quelle seiner Befreiung und die Fülle des Guten. Das sehen wir in der modernen Zeit bestätigt, in der die atheistischen Ideologien die Religion aufgrund der Annahme auszurotten trachten, dass sie eine radikale »Entfremdung« des Menschen bewirke, als ob der Mensch seines eigenen Menschseins beraubt würde, indem er in der Bejahung der Idee Gottes diesem zuschreibe, was dem Menschen und ausschließlich dem Menschen gehöre.

Hieraus hat sich eine Entwicklung im Denken und in der historisch-soziologischen Praxis ergeben, bei der die Zurückweisung Gottes bis zur Erklärung seines »Todes« gelangte. Eine gedankliche und sprachliche Absurdität! Die Ideologie des »Todes Gottes« bedroht aber vielmehr den Menschen, wie es das II. Vatikanische Konzil aufzeigt, wenn es bei der Behandlung der Frage nach der »Autonomie der irdischen Wirklichkeiten« schreibt: »Das Geschöpf sinkt ohne den Schöpfer ins Nichts. Überdies wird das Geschöpf selbst durch das Vergessen Gottes unverständlich«[144]. Die Ideologie des »Todes Gottes« beweist in ihren Auswirkungen leicht, auf theoretischer wie praktischer Ebene eine Ideologie des »Todes des Menschen« zu sein.

4. Der Geist, der das Leiden in heilbringende Liebe wandelt

39. Der Geist, der die Tiefen Gottes ergründet, wird von Jesus in seiner Rede im Abendmahlssaal Paraklet, Beistand, genannt.

Er wird ja seit dem Anfang »angerufen«, um »die Welt der Sünde zu überführen«[145]. In endgültiger Weise wird er durch das Kreuz Christi angerufen. Der Sünde überführen bedeutet, das Böse, das in ihr ist, aufzuzeigen. Das entspricht dem Aufdecken der geheimen Macht des Bösen. Es ist nicht möglich, das Böse der Sünde in seiner ganzen schmerzhaften Wirklichkeit zu erfassen, ohne »die Tiefen Gottes zu ergründen«. Seit dem Anfang zeigt sich das dunkle Geheimnis der Sünde in der Welt vor dem Hintergrund seiner Beziehung zum Schöpfer der menschlichen Freiheit. Es zeigt sich als Willensakt des Menschengeschöpfes gegen den Willen Gottes: gegen den Heilswillen Gottes; ja, sogar als Widerspruch zur Wahrheit, als Folge der Lüge, die bereits endgültig »gerichtet ist«: der Lüge, die die schöpferische und heilbringende göttliche Liebe selbst ständig anklagt und verdächtigt. Der Mensch ist dem »Vater der Lüge« gefolgt, indem er sich dem Vater des Lebens und dem Geist der Wahrheit widersetzt hat.

Sollte dieses »der Sünde überführen« demnach nicht auch das Aufdecken des Leidens bedeuten? Das Aufdecken des unfassbaren und unaussprechlichen Schmerzes, den die Heilige Schrift in ihrer anthropomorphen Sicht wegen der Sünde in den »Tiefen Gottes« und gewissermaßen sogar im Herzen der unbegreiflichen Dreifaltigkeit zu sehen scheint? Die Kirche, von der Offenbarung inspiriert, glaubt und bekennt, dass die Sünde eine Beleidigung Gottes ist. Was entspricht im unergründbaren Innern des Vaters, des Wortes und des Heiligen Geistes dieser »Beleidigung«, dieser Zurückweisung des Geistes, der Liebe und Geschenk ist? Der Begriff von Gott als des unbedingt vollkommensten Wesens schließt ganz gewiss jeden Schmerz von Gott aus, der aus einem Mangel oder einer Verletzung käme; aber es gibt in den »Tiefen Gottes« eine Liebe des Vaters, die angesichts der Sünde des Menschen so stark reagiert, dass es in der Sprache der Bibel sogar heißt: »Es reut mich, den Menschen gemacht zu haben«[146]. »Der Herr sah, dass auf der Erde die Schlechtigkeit des Menschen zunahm ... Da reute es den Herrn, den Menschen auf der Erde gemacht zu haben, und es tat seinem Herzen weh. Der Herr sagte: >Es reut mich, sie gemacht zu haben<«[147]. Aber viel öfter spricht uns die Heilige Schrift von einem Vater, der Mitleid mit dem Menschen hat, gleichsam als teile er seinen Schmerz. Schließlich wird dieser unergründliche und unsagbare »Schmerz« des Vaters vor allem das wunderbare Heilswerk der erlösenden Liebe in Jesus Christus hervorbringen, damit durch das Geheimnis des Glaubens die Liebe in der Geschichte des Menschen sich als stärker erweisen kann als die Sünde. Damit die Gnadengabe Gottes siegt!

Der Heilige Geist, der nach den Worten Jesu »der Sünde überführt«, ist die Liebe des Vaters und des Sohnes, und als solche ist er die dreifaltige Gnadengabe und zugleich die ewige Quelle aller göttlichen Gaben für die Geschöpfe. Gerade in ihm können wir jenes Erbarmen in Gestalt einer Person erblicken und in transzendenter Weise am Werk sehen, wie es die patristische und theologische Tradition auf der Linie des Alten und Neuen Testamentes Gott zuschreibt.

Im Menschen umfasst das Erbarmen Schmerz und Mitleid für das Elend des Nächsten. In Gott führt der Geist, der Liebe ist, von der Wahrnehmung menschlicher Sünde hin zu einer neuen Ausspendung heilbringender Liebe. In Einheit mit dem Vater und dem Sohn geht aus ihm das Heilswerk hervor, das die Geschichte des Menschen mit den Gaben der Erlösung erfüllt. Wenn die Sünde durch die Zurückweisung der Liebe das »Leiden« des Menschen hervorgebracht hat, das sich in gewisser Weise über die ganze Schöpfung ausgedehnt hat[148], soll der Heilige Geist in das menschliche und kosmische Leiden mit einer neuen Ausspendung der Liebe eingehen, die die Welt erlösen wird. Und aus dem Munde Jesu, des Erlösers, in dessen Menschsein sich das »Leiden« Gottes bewahrheitet, wird ein Wort zu hören sein, in dem sich die ewige Liebe voll göttlichen Erbarmens zeigt: »Misereor« - »Ich habe Mitleid«[149]. So verwandelt der Heilige Geist das »der Sünde überführen« gegenüber der Schöpfung, »die der Vergänglichkeit unterworfen ist«, und vor allem in der Tiefe des menschlichen Gewissens in eine Offenbarung darüber, wie die Sünde durch das Opfer des Gotteslammes besiegt wird, des Messias, der »bis in den Tod« der gehorsame Knecht geworden ist und die Erlösung der Welt bewirkt, indem er den Ungehorsam des Menschen wiedergutmacht. Das ist die Weise, wie der Geist der Wahrheit, der Beistand, »der Sünde überführt«.

40. Der erlösende Wert des Opfers Christi wird mit sehr bedeutungsvollen Worten vom Verfasser des Hebräerbriefes ausgedrückt, der an die Opfer des Alten Bundes erinnert, bei denen »das Blut von Böcken und Stieren... leiblich rein macht«, und dann hinzufügt: »Wieviel mehr wird das Blut Christi, der sich selbst kraft ewigen Geistes Gott als makelloses Opfer dargebracht hat, unser Gewissen von toten Werken reinigen, damit wir dem lebendigen Gott dienen?«[150] Wenn wir auch um andere mögliche Interpretationen wissen, so führen uns unsere Überlegungen über die Gegenwart des Heiligen Geistes im ganzen Leben Christi dazu, in diesem Text gleichsam eine Einladung zu erblicken, über die Gegenwart dieses Geistes auch im erlösenden Opfer des menschgewordenen Wortes nachzudenken.

Betrachten wir zunächst die Anfangsworte, die von diesem Opfer handeln, und dann, getrennt davon, die »Reinigung des Gewissens«, die es bewirkt. Es ist wirklich ein Opfer, das »kraft (= durch das Wirken) ewigen Geistes« dargebracht worden ist, der daraus die Kraft schöpft, um des Heiles willen »der Sünde zu überführen«. Es ist derselbe Heilige Geist, den Jesus Christus nach der Verheißung im Abendmahlssaal am Tag seiner Auferstehung den Aposteln »bringen« wird, wenn er sich ihnen mit den Wunden der Kreuzigung zeigt, und den er ihnen »zur Vergebung der Sünden« schenkt: »Empfangt den Heiligen Geist! Wem ihr die Sünden vergebt, dem sind sie vergeben«[151].

Wir wissen, dass »Gott Jesus von Nazaret gesalbt hat mit dem Heiligen Geist«, wie Simon Petrus im Haus des Hauptmanns Cornelius sagte[152]. Wir kennen das österliche Geheimnis seines »Fortgehens«, wie es das Johannesevangelium darstellt. Die Worte des Hebräerbriefes erklären uns nun, in welcher Weise »sich Christus selbst als makelloses Opfer Gott dargebracht hat«, und wie er dies »kraft ewigen Geistes« gemacht hat. Der Heilige Geist ist im Opfer des Menschensohnes gegenwärtig und handelt dort so, wie er bei seiner Empfängnis gehandelt hat, bei seinem Kommen in diese Welt, in seinem verborgenen Leben und seinem öffentlichen Wirken. Nach dem Hebräerbrief hat sich Jesus Christus bei seinem »Fortgehen« über Getsemani und Golgota in seiner Menschheit ebenso vollkommen diesem Handeln des Geistes und Beistandes geöffnet, der aus dem Leiden die ewige heilbringende Liebe aufleuchten lässt. Er ist es also, der »erhört wo den ist ... Obwohl er der Sohn war, hat er durch Leiden den Gehorsam gelernt«[153]. Der Brief zeigt auf diese Weise, wie die Menschheit, die in den Nachkommen des ersten Adams der Sünde unterworfen war, in Jesus Christus vollkommen Gott unterworfen und mit ihm vereint worden ist und wie sie zugleich von Barmherzigkeit gegenüber den Menschen erfüllt wurde.

So gibt es nun ein neues Menschsein, das in Jesus Christus und durch sein Leiden am Kreuz zur Liebe zurückgekehrt ist, die Adam durch die Sünde verraten hatte. Sie hat sich wiedergefunden in derselben göttlichen Quelle des ursprünglichen Gnadengeschenkes: im Geist, der »die Tiefen Gottes ergründet« und der selbst Liebe und Geschenk ist.

Der Gottessohn Jesus Christus hat als Mensch im inständigen Gebet seines Leidens dem Heiligen Geist, der sein Menschsein schon voll und ganz durchdrungen hatte, gewährt, ihn durch sein Sterben zu einem vollkommenen Opfer zu machen, zu einem Opfer der Liebe am Kreuz. Allein hat er diese Gabe dargeboten. Als einziger Priester »hat er sich selbst als makelloses Opfer Gott dargebracht«[154]. In seiner Menschheit war er würdig, ein solches Opfer zu werden, weil er allein »makellos« war. Aber er brachte sich dar »kraft ewigen Geistes«: Das bedeutet, dass der Heilige Geist in besonderer Weise bei dieser vollkommenen Selbsthingabe des Menschensohnes mitgewirkt hat, um das Leiden in erlösende Liebe zu verwandeln.

41. Im Alten Testament spricht man mehrmals vom »Feuer des Himmels«, das die von den Menschen dargebrachten Opfer verzehrte[155]. In analoger Weise kann man sagen, dass der Heilige Geist »Feuer vom Himmel« ist, das in der Tiefe des Kreuzesgeheimnisses wirkt. Vom Vater ausgehend, lenkt er das Opfer des Sohnes zum Vater hin, indem er es in die göttliche Wirklichkeit der trinitarischen Gemeinschaft einbringt. Wenn die Sünde das Leiden hervorgebracht hat, so hat der Schmerz Gottes nun im gekreuzigten Christus durch den Heiligen Geist seinen vollen menschlichen Ausdruck gewonnen.

Wir haben hier ein paradoxes Geheimnis der Liebe: In Christus leidet Gott, der von seiner eigenen Schöpfung zurückgewiesen wird: »Sie glauben nicht an mich!«; zugleich aber holt der Geist aus der Tiefe dieses Leidens - und indirekt aus der Tiefe eben dieser Sünde, nämlich »nicht geglaubt zu haben« - ein neues Maß für das Gnadengeschenk, das dem Menschen und der Schöpfung von Anfang an gemacht worden ist.

In der Tiefe des Geheimnisses des Kreuzes ist die Liebe am Werk, die den Menschen erneut zur Teilnahme am Leben bringt, das in Gott selbst ist. Der Heilige Geist als Liebe und Gnadengeschenk versenkt sich gewissermaßen in die Herzmitte jenes Opfers, das am Kreuz dargeboten wird. Mit Bezug auf die biblische Tradition können wir sagen: Er verzehrt dieses Opfer mit dem Feuer der Liebe, die den Sohn mit dem Vater in der trinitarischen Gemeinschaft vereint. Und weil das Kreuzesopfer ein eigener Akt Christi ist, »empfängt« auch er den Heiligen Geist. Er empfängt ihn auf solche Weise, dass er ihn dann - und nur er allein mit dem Vater - den Aposteln, der Kirche, der Menschheit »geben« kann. Er allein »sendet« ihn vom Vater[156]. Er allein zeigt sich den im Abendmahlssaal versammelten Aposteln, »haucht sie an« und sagt: »Empfangt den Heiligen Geist! Wem ihr die Sünden vergebt, dem sind sie vergeben«[157], wie es bereits Johannes der Täufer angekündigt hatte: »Er wird euch mit Heiligem Geist und mit Feuer taufen«[158]. Mit diesen Worten Jesu wird der Heilige Geist offenbart und zugleich gegenwärtig gesetzt als Liebe, die in der Tiefe des österlichen Geheimnisses als Quelle der heilbringenden Kraft des Kreuzes Christi, als Gnadengeschenk des neuen und ewigen Lebens am Werk ist.

Diese Wahrheit über den Heiligen Geist findet ihren täglichen Ausdruck in der römischen Messliturgie, wenn der Priester vor der heiligen Kommunion jene bedeutungsvollen Worte spricht: »Herr Jesus Christus, Sohn des lebendigen Gottes, dem Willen des Vaters gehorsam, hast du im Heiligen Geist durch deinen Tod der Welt das Leben geschenkt«. Im Dritten Eucharistischen Hochgebet bezieht sich der Priester auf dieselbe Heilsordnung und bittet Gott: »Er (der Heilige Geist) mache uns auf immer zu einer Gabe, die dir wohlgefällt«.

5. Das Blut, welches das Gewissen reinigt

42. Wie bereits gesagt, ist auf dem Höhepunkt des österlichen Geheimnisses der Heilige Geist endgültig geoffenbart und in einer neuen Weise gegenwärtig gesetzt worden.

Der auferstandene Christus sagt den Aposteln: »Empfangt den Heiligen Geist«. Auf diese Weise wird der Heilige Geist offenbart; denn die Worte Christi sind die Bestätigung der Verheißungen und Ankündigungen während der Abschiedsrede im Abendmahlssaal. Hierdurch wird der Tröster zugleich in neuer Weise gegenwärtig. Zwar war er schon von Anfang an im Geheimnis der Schöpfung und während der ganzen Geschichte des Alten Bundes mit dem Menschen wirksam. Voll bestätigt aber wurde sein Wirken durch die Sendung des Menschensohnes als Messias, der in der Kraft des Heiligen Geistes erschienen ist. Auf dem Höhepunkt der messianischen Sendung Jesu wird der Heilige Geist im österlichen Geheimnis ganz als göttliche Person gegenwärtig: als derjenige, der das Heilswerk, das im Kreuzesopfer gründet, fortführen soll. Zweifelsohne wird dieses Werk von Jesus Menschen anvertraut: den Aposteln, der Kirche. Doch bleibt der Heilige Geist in diesen Menschen und durch sie der transzendente Handelnde bei der Verwirklichung dieses Werkes im Geist des Menschen und in der Weltgeschichte: der unsichtbare und zugleich allgegenwärtige Tröster! Der Geist, der »weht, wo er will«[159]. Die Worte, welche der auferstandene Christus »am ersten Tag nach dem Sabbat« sprach, heben in besonderer Weise die Gegenwart des Tröster-Geistes hervor, als desjenigen, der »die Welt der Sünde, der Gerechtigkeit und des Gerichts überführt«. In der Tat, nur in diesem Zusammenhang erklären sich die Worte, die Jesus in direkten Bezug zur »Gabe« des Geistes an die Apostel setzt. Er sagt: »Empfangt den Heiligen Geist! Wem ihr die Sünden vergebt, dem sind sie vergeben; wem ihr die Vergebung verweigert, dem ist sie verweigert«[160]. Jesus erteilt den Aposteln die Vollmacht, Sünden zu vergeben, damit sie diese an ihre Nachfolger in der Kirche weitergeben. Diese Vollmacht, die Menschen verliehen wird, setzt jedoch das Heilshandeln des Heiligen Geistes voraus und schließt es mit ein. Als »Licht der Herzen«[161], das heißt der Gewissen, »macht er die Sünde offenbar«, lässt er den Menschen das Böse in ihr erkennen und lenkt ihn zugleich zum Guten hin.

Dank der Vielfalt seiner Gaben, deretwegen er als »siebenfältig« angerufen wird, kann jede Art von Sünde im Menschen durch Gottes erlösende Macht erreicht werden. In der Tat wird - wie der heilige Bonaventura sagt - »kraft der sieben Gaben des Heiligen Geistes alles Böse überwunden und alles Gute gewirkt«[162].

Unter dem Einfluss des Trösters vollzieht sich also jene Bekehrung des menschlichen Herzens, die unverzichtbare Bedingung der Sündenvergebung ist. Ohne echte Bekehrung, die eine innere Reue einschließt, und ohne einen aufrichtigen und festen Vorsatz zur Umkehr, bleiben die Sünden »nicht nachgelassen«, wie Jesus und mit ihm die ganze Überlieferung des Alten und Neuen Bundes sagen.

Die ersten Worte Jesu am Beginn seines öffentlichen Wirkens lauten ja nach dem Markusevangelium: »Kehrt um und glaubt an das Evangelium«[163]. Die Bekräftigung dieses Aufrufes ist das »Offenlegen der Sünde«, welches der Heilige Geist auf neue Weise vollbringt kraft der Erlösung, die durch das Blut des Menschensohnes gewirkt worden ist. Darum spricht der Hebräerbrief vom »Blut, welches das Gewissen reinigt«[164]. Es ist also dieses Blut, das dem Heiligen Geist gleichsam den Weg öffnet zum Innersten des Menschen, das heißt zum Heiligtum des menschlichen Gewissens.

43. Das II. Vatikanische Konzil hat an die katholische Lehre über das Gewissen erinnert, als es von der Berufung des Menschen und insbesondere von der Würde der menschlichen Person sprach. Gerade das Gewissen entscheidet in einer besonderen Weise über diese Würde. Das Gewissen ist nämlich »die verborgenste Mitte und das Heiligtum im Menschen, wo er allein ist mit Gott, dessen Stimme in diesem seinem Innersten zu hören ist« und klar »in den Ohren des Herzens tönt: Tu dies, meide jenes«. Eine solche Fähigkeit, das Gute zu gebieten und das Böse zu verbieten, vom Schöpfer dem Menschen eingestiftet, ist die zentrale Eigenschaft einer Person.

Doch zugleich entdeckt der Mensch »im Innern seines Gewissens... ein Gesetz, das er sich nicht selbst gibt, sondern dem er gehorchen muss«[165]. Das Gewissen ist also keine autonome und ausschließliche Instanz, um zu entscheiden, was gut und was böse ist; ihm ist vielmehr ein Prinzip des Gehorsams gegenüber der objektiven Norm tief eingeprägt, welche die Übereinstimmung seiner Entscheidungen mit den Geboten und Verboten begründet und bedingt, die dem menschlichen Verhalten zugrunde liegen, wie es die schon zitierte Stelle aus dem Buch Genesis zeigt[166]. Genau in diesem Sinne ist das Gewissen »das innerste Heiligtum«, in welchem »die Stimme Gottes widerhallt«.

Es ist die »Stimme Gottes« selbst, auch dann, wenn der Mensch darin ausschließlich das Prinzip der moralischen Ordnung anerkennt, an dem man menschlich nicht zweifeln kann, auch ohne direkten Bezug auf den Schöpfer, obwohl das Gewissen gerade in diesem Bezug stets seine Begründung und Rechtfertigung findet.

Das »Offenlegen der Sünde« unter dem Einfluss des Geistes der Wahrheit, von dem das Evangelium spricht, kann im Menschen einzig und allein durch das Gewissen geschehen. Wenn das Gewissen recht ist, hilft es »zur wahrheitsgemäßen Lösung all der vielen moralischen Probleme, die im Leben des einzelnen wie im gesellschaftlichen Zusammenleben entstehen«; dann »lassen die Personen und Gruppen von der blinden Willkür ab und suchen sich nach den objektiven Normen der Sittlichkeit zu richten«[167].

Frucht des rechten Gewissens ist es vor allem, das Gute und das Böse beim Namen zu nennen, wie es die Pastoralkonstitution »Gaudium et spes« tut: Alles, »was... zum Leben selbst im Gegensatz steht, wie jede Art von Mord, Völkermord, Abtreibung, Euthanasie und auch der freiwillige Selbstmord; was immer die Unantastbarkeit der menschlichen Person verletzt, wie Verstümmelung, körperliche oder seelische Folter und der Versuch, psychischen Zwang auszuüben;

was immer die menschliche Würde angreift, wie unmenschliche Lebensbedingungen, willkürliche Verhaftung, Verschleppung, Sklaverei, Prostitution, Mädchenhandel und Handel mit Jugendlichen, sodann auch unwürdige Arbeitsbedingungen, bei denen der Arbeiter als bloßes Erwerbsmittel und nicht als freie und verantwortliche Person behandelt wird«; nachdem die Konstitution diese vielfältige, in unserer Zeit so häufigen und verbreiteten Sünden beim Namen genannt hat, fügt sie hinzu: »All diese und andere ähnliche Taten sind an sich schon eine Schande; sie sind eine Zersetzung der menschlichen Kultur, entwürdigen weit mehr jene, die das Unrecht tun, als jene, die es erleiden. Zugleich sind sie in höchstem Maße ein Widerspruch gegen die Ehre des Schöpfers«[168].

Solche Sünden beim Namen zu nennen, die den Menschen am meisten entehren, sowie nachzuweisen, dass diese ein moralisches Übel sind, das jede Fortschrittsbilanz der Menschheit negativ belastet: Dies alles beschreibt das Konzil als Etappe »eines dramatischen Kampfes zwischen dem Guten und dem Bösen, zwischen dem Licht und der Finsternis«, der »das gesamte menschliche Leben der einzelnen wie der Gemeinschaft« bestimmt[169]. Die Versammlung der Bischofssynode, welche im Jahre 1983 das Thema der Versöhnung und Buße behandelte, hat die persönliche und die soziale Dimension der Sünde des Menschen noch genauer aufgezeigt[170].

44. Im Abendmahlssaal, am Vorabend seines Leidens, und dann am Abend des Ostertages hat Jesus Christus sich auf den Heiligen Geist als denjenigen berufen, der bezeugt, dass in der Geschichte der Menschheit die Sünde fortdauert. Dennoch ist die Sünde der heilswirksamen Macht der Erlösung unterstellt. »Die Welt der Sünde überführen«, das erschöpft sich nicht darin, die Sünde beim Namen zu nennen und als das zu identifizieren, was sie in ihrer ganzen Vielfalt ist. Wenn die Welt der Sünde überführt wird, begegnen sich der Geist der Wahrheit und die Stimme des menschlichen Gewissens.

Auf diesem Weg gelangt man zum Nachweis der Wurzeln der Sünde, die im Innersten des Menschen liegen, wie dieselbe Pastoralkonstitution betont: »In Wahrheit hängen die Störungen des Gleichgewichts, an denen die moderne Welt leidet, mit jener tiefer liegenden Störung des Gleichgewichts zusammen, die im Herzen des Menschen ihren Ursprung hat. Denn im Menschen selbst sind viele widersprüchliche Elemente gegeben. Einerseits erfährt er sich nämlich als Geschöpf vielfältig begrenzt, andererseits empfindet er sich in seinem Verlangen unbegrenzt und berufen zu einem Leben höherer Ordnung. Zwischen so vielen verlockenden Möglichkeiten, die sich ihm stellen, muss er dauernd unweigerlich eine Wahl treffen und so auf dieses oder jenes verzichten. Als schwacher Mensch und Sünder tut er oft das, was er nicht will, und was er tun wollte, tut er nicht«[171]. Der Konzilstext bezieht sich hier auf die bekannten Worte des heiligen Paulus[172].

Das »Offenlegen der Sünde«, welches das menschliche Gewissen in jeder vertieften Reflexion über sich selbst begleitet, führt also zur Entdeckung ihrer Wurzeln im Menschen sowie auch der Bedingtheiten des Gewissens selbst im Lauf der Geschichte. So finden wir erneut jene ursprüngliche Wirklichkeit der Sünde, von der wir schon gesprochen haben. Der Heilige Geist »überführt der Sünde« im Hinblick auf das Geheimnis des Anfangs, indem er die Tatsache aufweist, dass der Mensch ein Geschöpf ist und darum in totaler seinsmäßiger und ethischer Abhängigkeit vom Schöpfer steht; zugleich erinnert er an die ererbte Sündhaftigkeit der menschlichen Natur. Der Heilige Geist, der Tröster, »überführt der Sünde« jedoch immer mit dem Blick auf das Kreuz Christi. Mit diesem Bezug verwirft das Christentum jeden »Fatalismus« der Sünde. »Ein harter Kampf gegen die Mächte der Finsternis, ein Kampf, der schon am Anfang der Welt begann und nach dem Wort des Herrn bis zum letzten Tag andauern wird« - so lehrt das Konzil[173]. »Der Herr selbst aber ist gekommen, um den Menschen zu befreien und zu stärken«[174].

Indem der Mensch also, weit entfernt davon, sich durch seine Sündhaftigkeit »fesseln« zu lassen, der Stimme seines Gewissens vertraut, »muss er... beständig kämpfen um seine Entscheidung für das Gute, und nur mit großer Anstrengung kann er mit Gottes Gnadenhilfe seine innere Einheit erreichen«[175]. Mit Recht sieht das Konzil die Sünde als Grund des Bruches an, der das persönliche und gesellschaftliche Leben des Menschen belastet; zugleich aber erinnert es unermüdlich an die Möglichkeit des Sieges.

45. Der Geist der Wahrheit, welcher »die Welt der Sünde überführt«, trifft auf jene Mühe des menschlichen Gewissens, von der die Konzilstexte so eindrucksvoll reden. Diese Mühe des Gewissens bestimmt zugleich die vielfältigen Wege menschlicher Umkehr: der Sünde den Rücken kehren, um die Wahrheit und Liebe im Innersten des Menschen wieder aufzurichten. Man weiß, wie es bisweilen viel kostet, das Böse in sich selbst anzuerkennen. Man weiß, dass das Gewissen nicht nur gebietet und verbietet, sondern im Licht der inneren Gebote und Verbote auch richtet. Es ist auch die Quelle für Gewissensbisse: Der Mensch leidet innerlich infolge des begangenen Bösen. Ist dieses Leiden nicht ein ferner Widerhall jener »Reue über die Erschaffung des Menschen«, welche die anthropomorphe Sprache der Bibel Gott selbst zuschreibt, jener »Verwerfung«, die im »Herzen« der Dreifaltigkeit geschieht, aber kraft der ewigen Liebe zum Schmerz des Kreuzes wird im Gehorsam Christi bis zum Tod? Wenn der Geist der Wahrheit das menschliche Gewissen teilhaben lässt an diesem Schmerz, dann wird das Leiden des Gewissens besonders tief, aber auch besonders heilsam. Dann vollzieht sich in einem Akt vollkommener Reue die echte Bekehrung des Herzens, die »Umkehr« gemäß dem Evangelium.

Die Mühe des menschlichen Herzens und des Gewissens, mit der diese »Umkehr« oder Bekehrung geschieht, ist der Widerschein jenes Prozesses, durch den sich die Verwerfung in heilbringende Liebe verwandelt, die zu leiden weiß.

Der verborgene Ausspender dieser heilenden Kraft ist der Heilige Geist: Er, der von der Kirche »Licht der Herzen« genannt wird, durchdringt und erfüllt »die Tiefe der menschlichen Herzen«[176]. Durch eine solche Bekehrung im Heiligen Geist öffnet sich der Mensch dem Verzeihen, der Sündenvergebung. In dieser ganzen staunenswerten Dynamik von Bekehrung und Vergebung bestätigt sich die Wahrheit dessen, was der heilige Augustinus über das Geheimnis des Menschen in seinem Psalmenkommentar zum Vers »Flut ruft der Flut zu beim Tosen deiner Wasser«[177] schreibt. Gerade im Blick auf diese Tiefe des Menschen, des menschlichen Gewissens, »tief wie das Meer«, vollzieht sich die Sendung des Sohnes und des Heiligen Geistes. Der Heilige Geist »kommt« kraft des »Fortgehens« Christi im österlichen Geheimnis: Er kommt in jedem konkreten Geschehen von Bekehrung und Vergebung aus der Kraft des Kreuzesopfers; denn darin »reinigt das Blut Christi ... unser Gewissen von toten Werken, zum Dienst des lebendigen Gottes«[178]. So erfüllen sich fortwährend die Worte über den Heiligen Geist als »einen anderen Beistand«, die Worte, die im Abendmahlssaal an die Apostel und indirekt an uns alle gerichtet worden sind: »Ihr kennt ihn; denn er bleibt bei euch und wird in euch sein«[179].

6. Die Sünde gegen den Heiligen Geist

46. Auf dem Hintergrund dessen, was wir bisher ausgeführt haben, werden einige beeindruckende und bestürzende Worte Jesu verständlicher. Wir könnten sie als Worte der »Nicht-Vergebung« bezeichnen. Sie sind uns von den Synoptikern überliefert und beziehen sich auf eine besondere Sünde, die »Lästerung wider den Heiligen Geist« genannt wird. Hier die Texte in ihrer dreifachen Fassung: Matthäus: »Jede Sünde und Lästerung wird den Menschen vergeben werden, aber die Lästerung gegen den Geist wird nicht vergeben. Auch dem, der etwas gegen den Menschensohn sagt, wird vergeben werden, wer aber etwas gegen den Heiligen Geist sagt, dem wird nicht vergeben, weder in dieser noch in der zukünftigen Welt«[180].

Markus: »Alle Vergehen und Lästerungen werden dem Menschen vergeben werden, so viel sie auch lästern mögen; wer aber den Heiligen Geist lästert, der findet in Ewigkeit keine Vergebung, sondern seine Sünde wird ewig an ihm haften«[181].

Lukas: »Jedem, der etwas gegen den Menschensohn sagt, wird vergeben werden; wer aber den Heiligen Geist lästert, dem wird nicht vergeben«[182].

Warum ist die Lästerung gegen den Heiligen Geist nicht zu vergeben? Was ist unter dieser Lästerung zu verstehen? Der heilige Thomas von Aquin antwortet, dass es sich hier um eine Sünde handelt, »die ihrer Natur nach unvergebbar ist, weil sie jene Elemente ausschließt, derentwegen die Vergebung der Sünden geschieht«[183].

Nach dieser Deutung besteht die Lästerung nicht eigentlich in verletzenden Worten gegen den Heiligen Geist, sondern in der Weigerung, das Heil anzunehmen, welches Gott dem Menschen durch den Heiligen Geist anbietet, der in der Kraft des Kreuzesopfers wirkt. Wenn der Mensch jenes »Offenlegen der Sünde«, das vom Heiligen Geist ausgeht und heilswirksamen Charakter hat, zurückweist, weist er damit zugleich das »Kommen« des Trösters zurück, jenes »Kommen«, das sich im Ostergeheimnis vollzieht, in der Einheit mit der erlösenden Kraft des Blutes Christi, das »unser Gewissen von toten Werken reinigt«.

Wir wissen, dass die Frucht einer solchen Reinigung die Vergebung der Sünden ist.

Wer den Geist und das Blut zurückweist, verbleibt deshalb in »toten Werken«, in der Sünde. Die Lästerung gegen den Heiligen Geist besteht gerade in der radikalen Verweigerung der Annahme jener Vergebung, deren innerster Vermittler er ist und die eine echte Bekehrung voraussetzt, die von ihm im Gewissen gewirkt wird.

Wenn Jesus sagt, dass die Lästerung gegen den Heiligen Geist weder in diesem noch im zukünftigen Leben vergeben wird, dann liegt der Grund darin, dass diese »Nicht-Vergebung« ursächlich mit der Unbußfertigkeit verbunden ist, das heißt mit der radikalen Weigerung, sich zu bekehren. Dies bedeutet eine Weigerung, sich den Quellen der Erlösung zu nähern, die jedoch in der Heilsordnung, in der sich die Sendung des Heiligen Geistes vollzieht, »immer« geöffnet bleiben. Der Tröster-Geist hat die unbegrenzte Macht, aus diesen Quellen zu schöpfen: »Er wird von dem, was mein ist, nehmen«, hat Jesus gesagt. Auf diese Weise vollendet er in den Seelen der Menschen die von Christus gewirkte Erlösung, indem er deren Früchte austeilt. Nun ist aber die Lästerung gegen den Heiligen Geist die Sünde jenes Menschen, der sich auf sein vermeintliches »Recht« zum Verharren im Bösen - in jeglicher Sünde - beruft und dadurch die Erlösung verwirft. Ein solcher Mensch bleibt in der Sünde gefangen, indem er von seiner Seite her seine Bekehrung und damit die Sündenvergebung unmöglich macht, die er als unwesentlich und unbedeutsam für sein Leben erachtet. Dies ist eine Situation des geistlichen Ruins; denn die Lästerung gegen den Heiligen Geist erlaubt es dem Menschen nicht, sich aus seiner selbstverhängten Gefangenschaft zu befreien und sich den göttlichen Quellen der Reinigung der Gewissen und der Verzeihung der Sünden zu öffnen.

47. Das Wirken des Heiligen Geistes, das auf das heilbringende »Offenlegen der Sünde« gerichtet ist, trifft im Menschen, der sich in einer solchen Situation befindet, auf einen inneren Widerstand, gleichsam auf eine undurchdringliche Wand seines Gewissens, auf eine seelische Verfassung, die sich sozusagen aufgrund einer freien Wahl verfestigt hat: Die Heilige Schrift nennt das gewöhnlich »Verhärtung des Herzens«[184]. In unserer Zeit entspricht dieser Verfassung des Geistes und des Herzens in etwa der Verlust des Gespürs für die Sünde, dem das Apostolische Schreiben über »Versöhnung und Buße« viele Seiten widmet[185].

Schon Papst Pius XII. hat gesagt, dass »die Sünde des Jahrhunderts der Verlust des Gespürs für die Sünde ist«[186]; dieser Verlust aber geht einher mit dem »Verlust des Gespürs für Gott«. Im erwähnten Schreiben lesen wir: »Gott ist tatsächlich der Ursprung und das höchste Ziel des Menschen, und dieser trägt in sich einen göttlichen Keim. Deshalb ist es die Wirklichkeit Gottes, die das Geheimnis des Menschen enthüllt und beleuchtet. Es ist also vergeblich, zu hoffen, dass ein Sündenbewusstsein gegenüber den Menschen und den menschlichen Werten Bestand haben könnte, wenn das Gespür für die gegen Gott begangene Beleidigung, das heißt das wahre Sündenbewusstsein, fehlt«[187].

Darum erbittet die Kirche beständig von Gott die Gnade, dass der Mensch das rechte Gewissen nicht verliere und sich sein gesundes Gespür für das Gute und Böse nicht abstumpfe. Beides, Gewissenhaftigkeit und Empfindsamkeit, sind zutiefst mit dem inneren Wirken des Geistes der Wahrheit verbunden. Von daher erhalten die Mahnungen des Apostels eine besondere Bedeutung: »Löscht den Geist nicht aus«; »beleidigt nicht den Heiligen Geist«[188]. Vor allem aber hört die Kirche nicht auf, mit größtem Eifer dafür zu beten, dass jene Sünde, die das Evangelium »Lästerung gegen den Heiligen Geist« nennt, in der Welt nicht zunehme, sondern vielmehr in den Seelen der Menschen - und folglich in den Lebensräumen selbst und in den verschiedenen Bereichen der menschlichen Gesellschaft - zurückgehe und sich stattdessen die Gewissen öffnen, was für das heilbringende Wirken des Heiligen Geistes unerlässlich ist. Die Kirche bittet darum, dass die gefährliche Sünde gegen den Geist einer heiligen Bereitschaft weiche, seine Sendung als Beistand anzunehmen, wenn er kommt, um »die Welt zu überführen (und aufzudecken), was Sünde, Gerechtigkeit und Gericht ist«.

48. Jesus hat in seiner Abschiedsrede diese drei Teilbereiche des »Überführens« in der Sendung des Beistandes zusammengefasst: die Sünde, die Gerechtigkeit und das Gericht.

Diese bezeichnen den Raum jenes Geheimnisses des Glaubens, das sich in der Geschichte des Menschen der Sünde, dem Geheimnis der Bosheit, entgegenstellt[189]. Nach einem Wort des heiligen Augustinus geht es hier auf der einen Seite um die »Selbstliebe bis zur Verachtung Gottes« und auf der anderen Seite um die »Liebe Gottes bis zur Verachtung seiner selbst«[190]. Beständig betet und bemüht sich die Kirche in ihrem Dienst darum, dass die Geschichte des Gewissens und der Gesellschaft in der großen Menschheitsfamilie nicht zum Pol der Sünde abgleitet, mit der Verwerfung der göttlichen Gebote »bis zur Verachtung Gottes«, sondern sich vielmehr zu jener Liebe erhebt, in der sich der Geist offenbart, »der lebendig macht«. Wer sich vom Heiligen Geist »der Sünde überführen« lässt, lässt sich auch »die Gerechtigkeit« und »das Gericht« offenlegen. Der Geist der Wahrheit, der den Menschen und ihrem Gewissen hilft, die Wahrheit der Sünde zu erkennen, lässt sie zugleich die Wahrheit jener Gerechtigkeit erkennen, die mit Jesus Christus in die Geschichte des Menschen eingetreten ist. Auf diese Weise werden diejenigen, die, »der Sünde überführt«, sich durch das Wirken des Trösters bekehren gewissermaßen aus dem Bereich des »Gerichts« herausgeführt, jenes »Gerichts«, durch welches »der Herrscher dieser Welt bereits gerichtet ist«[191]. Die Bekehrung bedeutet in der Tiefe ihres göttlich-menschlichen Geheimnisses das Zerreißen jeglicher Fessel, durch welche die Sünde den Menschen an das gesamte Geheimnis der Bosheit bindet.

Wer sich bekehrt, wird also vom Heiligen Geist aus dem Bereich des »Gerichts« befreit und zu jener Gerechtigkeit geführt, die in Jesus Christus gegeben ist und die er besitzt, weil er sie »vom Vater empfängt«[192] als Abglanz der dreifaltigen Heiligkeit. Dies ist die Gerechtigkeit des Evangeliums und der Erlösung, die Gerechtigkeit der Bergpredigt und des Kreuzes, welche die Reinigung des Gewissens bewirkt durch das Blut des Lammes. Es ist die Gerechtigkeit, die der Vater dem Sohn und allen zuteil werden lässt, die mit ihm in Wahrheit und Liebe verbunden sind.

In dieser Gerechtigkeit offenbart sich der Heilige Geist, der Geist des Vaters und des Sohnes, welcher »die Welt der Sünde überführt«, und wird im Menschen gegenwärtig als Geist ewigen Lebens.

III. DER GEIST, DER LEBENDIG MACHT

1. Grund für das Jubiläum des Jahres 2000: Christus, »empfangen vom Heiligen Geist«

49. An den Heiligen Geist wenden sich Denken und Herz der Kirche am Ende des zwanzigsten Jahrhunderts und im Blick auf das dritte Jahrtausend seit der Ankunft Christi in dieser Welt, während wir auf das große Jubiläum vor ausschauen, mit dem die Kirche dieses Ereignis feiern wird. Diese Ankunft wird ja nach menschlicher Zeitrechnung als ein Ereignis festgehalten, das zur Geschichte des Menschen auf dieser Erde gehört. Die übliche Zeitrechnung gibt die Jahre, Jahrhunderte und Jahrtausende entsprechend ihrer Folge vor oder nach der Geburt Christi an. Zugleich aber muss man sich dessen bewusst sein, dass dieses Ereignis für uns Christen nach dem Wort des Apostels die »Fülle der Zeit«[193] bedeutet, weil in ihm die Geschichte des Menschen völlig vom »Zeitmaß« Gottes durchdrungen wurde: von seiner transzendenten Gegenwart im ewigen »Jetzt«. Er ist derjenige, »der ist und der war und der kommt«; »das Alpha und das Omega, der Erste und der Letzte, der Anfang und das Ende«[194]. »Denn Gott hat die Welt so sehr geliebt, dass er seinen einzigen Sohn hingab, damit jeder, der an ihn glaubt, nicht zugrunde geht, sondern das ewige Leben hat«[195]. »Als aber die Zeit erfüllt war, sandte Gott seinen Sohn, geboren von einer Frau..., damit wir die Sohnschaft erlangen«[196]. Und diese Fleischwerdung des Ewigen Wortes und Sohnes geschah »durch das Wirken des Heiligen Geistes«.

Die beiden Evangelisten, denen wir den Bericht über die Geburt und Kindheit Jesu von Nazaret verdanken, drücken sich hierbei in der selben Weise aus.

Nach Lukas fragt Maria nach der Ankündigung der Geburt Jesu: »Wie soll das geschehen, da ich keinen Mann erkenne?«. Sie erhält zur Antwort: »Der Heilige Geist wird über dich kommen, und die Kraft des Höchsten wird dich überschatten. Deshalb wird auch das Kind heilig und Sohn Gottes genannt werden«[197].

Matthäus berichtet in direkter Form: »Mit der Geburt Jesu war es so: Maria, seine Mutter, war mit Josef verlobt; noch bevor sie zusammengekommen waren, zeigte sich, dass sie ein Kind erwartete - durch das Wirken des Heiligen Geistes«[198]. Josef, dadurch verwirrt, empfängt im Schlaf die folgende Erklärung: »Fürchte dich nicht, Maria als deine Frau zu dir zu nehmen; denn das Kind, das sie erwartet, ist vom Heiligen Geist. Sie wird einen Sohn gebären; ihm sollst du den Namen Jesus geben; denn er wird sein Volk von seinen Sünden erlösen«[199].

Darum bekennt die Kirche von Anfang an das Geheimnis der Menschwerdung, dieses zentrale Geheimnis des Glaubens, in Verbindung mit dem Heiligen Geist. Sie spricht im Apostolischen Glaubensbekenntnis: »Empfangen vom Heiligen Geist, geboren aus Maria, der Jungfrau«. Nicht anders das Bekenntnis des nizänokonstantinopolitanischen Glaubensbekenntnisses: Er »hat Fleisch angenommen durch den Heiligen Geist von der Jungfrau Maria und ist Mensch geworden«.

»Durch den Heiligen Geist« wurde Mensch, den die Kirche im selben Glaubensbekenntnis auch als wesensgleichen Sohn des Vaters bekennt: »Gott von Gott, Licht vom Licht, wahrer Gott vom wahren Gott, gezeugt, nicht geschaffen«. Er wurde Mensch »im Schoß der Jungfrau Maria«. Dies geschah, als »die Zeit erfüllt war«.

50. Das große Jubiläum am Ende des zweiten Jahrtausends, auf das sich die Kirche schon vorbereitet, hat unmittelbar eine christologische Ausrichtung: Es geht ja um die Feier der Geburt Jesu Christi. Zugleich hat es eine pneumatologische Ausrichtung; denn das Geheimnis der Menschwerdung vollzog sich »durch das Wirken des Heiligen Geistes«. Es wurde »gewirkt« durch jenen Geist, der - eines Wesens mit dem Vater und dem Sohn - im absoluten Geheimnis des dreieinigen Gottes die »Liebe in Person« ist, das ungeschaffene Geschenk, das die ewige Quelle allen Schenkens Gottes in der Schöpfungsordnung ist sowie unmittelbarer Ursprung und gewissermaßen Subjekt der Selbstmitteilung Gottes in der Gnadenordnung. Das Geheimnis der Menschwerdung ist der Höhepunkt dieses Schenkens und dieser Selbstmitteilung.

Empfängnis und Geburt Jesu Christi sind das größte vom Heiligen Geist in der Schöpfungs- und Heilsgeschichte vollbrachte Werk: die höchste Gnade - die »Gnade der Einigung« als Quelle jeder anderen Gnade, wie der heilige Thomas erklärt[200]. Das große Jubiläum gilt diesem Werk und auch - wenn wir es in seiner Tiefe erfassen - dem, der es gewirkt hat, der Person des Heiligen Geistes.

Der »Fülle der Zeit« entspricht in der Tat eine besondere Fülle der Selbstmitteilung des dreieinigen Gottes im Heiligen Geist. »Durch das Wirken des Heiligen Geistes« vollzieht sich das Geheimnis der »hypostatischen Union«, das heißt der Vereinigung der göttlichen mit der menschlichen Natur, der Gottheit mit der Menschheit in der einzigen Person des Ewigen Wortes und Sohnes. Als Maria im Augenblick der Verkündigung ihr »fiat« spricht: »Mir geschehe, wie du es gesagt hast«[201], empfängt sie auf jungfräuliche Weise einen Menschen, den Menschensohn, der Gottes Sohn ist.

In dieser »Vermenschlichung« des Wortes und Sohnes erreicht die Selbstmitteilung Gottes ihre endgültige Fülle in der Schöpfungs- und Heilsgeschichte.

Diese Fülle findet einen besonders dichten und beredten Ausdruck im Johannesevangelium: »Das Wort ist Fleisch geworden«[202]. Die Menschwerdung des Gottessohnes bedeutet nicht nur die Aufnahme der menschlichen Natur in die Einheit mit Gott, sondern gewissermaßen alles dessen, was »Fleisch« ist: der ganzen Menschheit, der ganzen sichtbaren und materiellen Welt. Die Menschwerdung hat also auch ihre kosmische Bedeutung und Dimension. Indem der »Erstgeborene der ganzen Schöpfung«[203] in diesem individuellen Menschen Christus Fleisch annimmt, vereinigt er sich gleichsam mit der ganzen Wirklichkeit des Menschen, der auch »Fleisch«[204] ist, und dadurch mit allem »Fleisch«, mit der ganzen Schöpfung.

51. All dies vollzieht sich durch das Wirken des Heiligen Geistes und gehört darum auch zum Inhalt des zukünftigen großen Jubiläums. Die Kirche kann sich darauf in keiner anderen Weise als im Heiligen Geist vorbereiten. Was »in der Fülle der Zeit« durch das Wirken des Heiligen Geistes geschah, kann heute nur durch sein Wirken im Gedächtnis der Kirche neu erwachen. Durch sein Wirken kann all dies Gegenwart werden in der neuen Phase der Geschichte des Menschen auf dieser Erde: im Jahr 2000 nach Christi Geburt.

Der Heilige Geist, dessen Kraft den jungfräulichen Leib Mariens überschattete und so in ihr den Anfang göttlicher Mutterschaft bewirkte, machte zur gleichen Zeit ihr Herz vollkommen gehorsam gegenüber jener Selbstmitteilung Gottes, die jeden Begriff und alle Fassungskraft des Menschen übersteigt. »Selig ist die, die geglaubt hat«[205]: So wird Maria von ihrer Verwandten Elisabet begrüßt, die auch »vom Heiligen Geist erfüllt« war[206].

In den Grußworten an jene, die »geglaubt hat«, scheint sich ein entfernter, aber tatsächlich sehr deutlicher Kontrast zu all jenen anzudeuten, von denen Christus sagen wird, »sie haben nicht geglaubt«[207]. Maria ist in die Heilsgeschichte der Welt eingetreten durch ihren Glaubensgehorsam.

Der Glaube ist in seinem tiefsten Wesen die Öffnung des menschlichen Herzens gegenüber der göttlichen Gabe: gegenüber der Selbstmitteilung Gottes im Heiligen Geist. Der heilige Paulus schreibt: »Der Herr aber ist der Geist, und wo der Geist des Herrn wirkt, da ist Freiheit«[208]. Wenn der drei-einige Gott sich dem Menschen gegenüber im Heiligen Geist eröffnet, dann offenbart und schenkt zugleich diese »Selbsteröffnung dem Menschengeschöpf die Fülle der Freiheit. Diese Fülle fand gerade durch den Gehorsam Mariens, durch ihren »Glaubensgehorsam«, einen erhabenen Ausdruck[209]. Wirklich: »Selig ist die, die geglaubt hat«!

2. Grund für das Jubiläum: Die Gnade ist erschienen

52. Im Geheimnis der Menschwerdung erreicht das Wirken des Geistes, »der lebendig macht«, seinen Höhepunkt. Das Leben, das Gott in Fülle besitzt, kann nur mitgeteilt werden, wenn es zum Leben eines Menschen wird, wie es Christus in seiner Menschennatur ist, die durch das »Ewige Wort« in der hypostatischen Union zur Person wird. Zugleich öffnet sich im Geheimnis der Menschwerdung auf neue Weise die Quelle jenes göttlichen Lebens in der Geschichte der Menschheit: der Heilige Geist. Das Wort, »der Erstgeborene der ganzen Schöpfung«, wird zum »Erstgeborenen von vielen Brüdern«[210]; und so wird es auch zum Haupt des Leibes, der die Kirche ist, welche am Kreuz geboren und am Pfingsttag offenbar wird - und durch die Kirche zum Haupt der Menschheit: der Menschen aller Völker und Rassen, aller Länder und Kulturen, Sprachen und Kontinente, die alle zum Heil berufen sind. »Das Wort ist Fleisch geworden, (jenes Wort, in dem) das Leben war, und das Leben war das Licht der Menschen ... Allen aber, die es aufnahmen, gab er Macht, Kinder Gottes zu werden«[211]. All dies geschah und geschieht ständig »durch das Wirken des Heiligen Geistes«.

»Söhne Gottes« sind nach der Lehre des Apostels »alle, die sich vom Geist Gottes leiten lassen«[212]. Die Sohnschaft durch göttliche Annahme an Kindes Statt entsteht in den Menschen aus dem Geheimnis der Menschwerdung, also wegen Christus, dem ewigen Sohn. Die Geburt oder Wiedergeburt aber erfolgt, wenn Gott »den Geist seines Sohnes in unser Herz sendet«[213]. Denn dann »empfangen wir den Geist, der uns zu Söhnen macht, den Geist, in dem wir rufen: Abba, Vater!«[214]. Darum ist diese Sohnschaft Gottes, die der menschlichen Seele durch die heiligmachende Gnade eingestiftet wird, das Werk des Heiligen Geistes. »So bezeugt der Geist selber unserem Geist, dass wir Kinder Gottes sind. Sind wir aber Kinder, dann auch Erben; wir sind Erben Gottes und Miterben Christi«[215]. Die heiligmachende Gnade ist im Menschen Ursprung und Quelle des neuen Lebens: des göttlichen, übernatürlichen Lebens.

Die Verleihung dieses neuen Lebens ist wie eine endgültige Antwort auf das Gebet des Psalmisten, in welchem gleichsam die Stimme aller Geschöpfe widerhallt: »Du sendest deinen Geist aus, so werden sie alle erschaffen, und du erneuerst das Antlitz der Erde«[216]. Derjenige, der im Schöpfungsgeheimnis dem Menschen und dem Kosmos das Leben gibt in seinen vielfältigen sichtbaren und unsichtbaren Formen, erneuert es durch das Geheimnis der Menschwerdung. So wird die Schöpfung durch die Menschwerdung vervollkommnet und seither von den Kräften der Erlösung durchdrungen, die die Menschheit und alles Geschaffene erfassen. So sagt es uns der heilige Paulus, dessen kosmisch-theologische Vision die Stimme des alten Psalmes aufzunehmen scheint: Die ganze Schöpfung »wartet sehnsüchtig auf das Offenbarwerden der Söhne Gottes«[217], derjenigen nämlich, die er »im voraus erkannt hat« und so auch »dazu bestimmt, an Wesen und Gestalt seines Sohnes teilzuhaben«[218]. So ergibt sich für die Menschen eine übernatürliche »Annahme an Sohnes Statt«, deren Ursprung der Heilige Geist ist, als göttliche Liebe und Gabe. Als solcher wird er den Menschen geschenkt.

Und in der Überfülle der ungeschaffenen Gabe hat im Herzen jedes Menschen jene besondere geschaffene Gabe ihren Anfang, durch welche die Menschen »an der göttlichen Natur Anteil erhalten«[219]. So wird das Leben des Menschen durch Teilhabe vom göttlichen Leben durchwirkt und erhält dadurch auch selbst eine göttliche, übernatürliche Dimension. In diesem neuen Leben als Teilhabe am Geheimnis der Menschwerdung »haben die Menschen... im Heiligen Geist Zugang zum Vater«[220]. Es gibt also eine enge Beziehung zwischen dem Heiligen Geist, der lebendig macht, und der heiligmachenden Gnade sowie der daraus folgenden übernatürlichen Lebenskraft im Menschen: zwischen dem ungeschaffenen Geist und dem geschaffenen menschlichen Geist.

53. Dies alles, so kann man sagen, gehört in den Rahmen des erwähnten großen Jubiläums. Man muss also die geschichtliche Dimension des nur oberflächlich betrachteten Geschehens überschreiten. Es gilt vielmehr, im christologischen Gehalt dieses Geschehens die pneumatologische Dimension zu erfassen, indem man das zweitausendjährige Wirken des Geistes der Wahrheit mit den Augen des Glaubens betrachtet; dieser Geist hat durch die Jahrhunderte hinaus dem Schatz der Erlösung Christi geschöpft, indem er den Menschen das neue Leben gibt, in ihnen die Annahme als Söhne Gottes im eingeborenen Sohn wirkt und sie heiligt, so dass sie in das Wort des heiligen Paulus einstimmen können: Wir haben den Geist Gottes empfangen«[221].

Wenn man diesem Motiv des Jubiläums folgt, kann man sich jedoch nicht nur auf die 2000 Jahre seit Christi Geburt beschränken. Man muss weiter zurückgehen und das ganze Wirken des Heiligen Geistes vor Christus in den Blick nehmen - sein Wirken von Anfang an, in der ganzen Welt und vor allem in der Heilsordnung des Alten Bundes. Dieses Wirken an jedem Ort und in jeder Zeit, ja in jedem Menschen geschah nämlich nach dem ewigen Heilsplan, durch den es mit dem Geheimnis der Menschwerdung und Erlösung eng verbunden ist, das sich aber schon auf jene ausgewirkt hat, die an den kommenden Christus glaubten. Das ist in besonderer Weise im Brief an die Epheser bezeugt[222]. Die Gnade hat daher einen christologischen und zugleich pneumatologischen Charakter, der sich vor allem in jenen bewahrheitet, die sich ausdrücklich zu Christus bekennen: »Durch ihn (in Christus) habt ihr das Siegel des verheißenen Heiligen Geistes empfangen... Der Geist ist der erste Anteil des Erbes, das wir erhalten sollen, der Erlösung, durch die wir Gottes Eigentum werden«[223].

Im Blick auf das große Jubiläum müssen wir sodann noch weiter ausholen, weil wir wissen, dass »der Wind weht, wo er will«, wie Jesus im Gespräch mit Nikodemus[224] anschaulich sagt. Das II. Vatikanische Konzil, das sich vor allem auf das Thema der Kirche konzentriert hat, erinnert uns an das Wirken des Heiligen Geistes »auch außerhalb« des sichtbaren Leibes der Kirche.

Das Konzil spricht ausdrücklich von »allen Menschen guten Willens, in deren Herzen die Gnade unsichtbar wirkt. Da nämlich Christus für alle gestorben ist und da es in Wahrheit nur eine letzte Berufung des Menschen gibt, die göttliche, müssen wir festhalten, dass der Heilige Geist allen die Möglichkeit anbietet, diesem österlichen Geheimnis in einer Gott bekannten Weise verbunden zu sein«[225].

54. »Gott ist Geist, und alle, die ihn anbeten, müssen im Geist und in der Wahrheit anbeten«[226]. Diese Worte stammen aus einem anderen Gespräch Jesu, bei der Begegnung mit der Frau aus Samaria. Das große Jubiläum, das am Ende dieses Jahrtausends und am Beginn des nächsten gefeiert wird, muss ein machtvoller Aufruf an alle werden, die »Gott im Geist und in der Wahrheit anbeten«. Es muss für alle zu einem besonderen Anlass werden, sich auf das Geheimnis des dreieinigen Gottes zu besinnen, der als solcher die Welt, besonders die sichtbare Welt, völlig übersteigt: ist er doch absoluter Geist - »Gott ist Geist«[227].

Zugleich ist er aber auf wunderbare Weise dieser Welt nicht nur nahe, sondern in ihr gegenwärtig und ihr in gewissem Sinne immanent; er durchdringt und belebt sie von innen her. Das gilt vor allem für den Menschen: Gott ist im Innersten seines Seins gegenwärtig, in seinem Denken, Gewissen und Herzen; eine psychologische und ontologische Wirklichkeit, bei deren Betrachtung der heilige Augustinus von Gott sagt: »Interior intimo meo« - »Mir näher als mein Innerstes selbst«[228]. Diese Worte helfen uns, die Antwort Jesu an die Samariterin besser zu verstehen: »Gott ist Geist«. Nur der Geist kann mir innerlicher sein, als ich mir selbst bin, sowohl seinsmässig wie auch in der geistlichen Erfahrung; nur der Geist kann derart dem Menschen und der Welt immanent sein, ohne jegliche Beeinträchtigung oder Veränderung seiner absoluten Transzendenz.

Auf neue und sichtbare Weise hat sich die göttliche Gegenwart in der Welt und im Menschen aber in Jesus Christus offenbart. In ihm ist wahrhaft »die Gnade Gottes erschienen«[229]. Die Liebe Gottes, des Vaters, göttliche Gabe, unbegrenzte Gnade, Ursprung des Lebens, ist in Christus offenbar geworden und ist nun in seiner Menschheit »Teil« des Alls, des Menschengeschlechtes und der Geschichte. Dieses »Erscheinen« der Gnade durch Jesus Christus in der Geschichte des Menschen vollzog sich durch das Wirken des Heiligen Geistes, welcher der Ursprung jeglichen Heilshandelns Gottes in der Welt ist; er, der »verborgene Gott«[230], der als Liebe und Gabe »den Erdkreis erfüllt«[231]. Das ganze Leben der Kirche, das sich in der Feier des großen Jubiläums bezeugen wird, bedeutet, dem verborgenen Gott entgegenzugehen, bedeutet, dem Geist zu begegnen, der lebendig macht.

3. Der Heilige Geist im inneren Konflikt des Menschen

55. Leider ergibt sich aus der Heilsgeschichte, dass jenes Nahekommen und Gegenwärtigwerden Gottes gegenüber dem Menschen und der Welt, jenes wunderbare »Sichherablassen« des Geistes in unserer menschlichen Wirklichkeit auf Widerstand und Ablehnung stößt.

Wie beredt sind in dieser Hinsicht die prophetischen Worte des greisen Simeon, der in Jerusalem »vom Geist in den Tempel geführt wurde«, um vor dem neugeborenen Kind von Betlehem zu verkünden, dass dieser »dazu bestimmt ist, dass in Israel viele durch ihn zu Fall kommen und viele aufgerichtet werden, und er ein Zeichen sein wird, dem widersprochen wird«[232].

Der Gegensatz zu Gott, der unsichtbarer Geist ist, ergibt sich in gewissem Maße schon auf der Ebene der grundsätzlichen Verschiedenheit der Welt von ihm, das heißt aus ihrer »Sichtbarkeit« und »Stofflichkeit« im Vergleich zu ihm, der »unsichtbar« und »absoluter Geist« ist; aus ihrer wesensmäßigen und unvermeidlichen Unvollkommenheit im Vergleich zu ihm, dem vollkommensten Sein. Der Gegensatz aber wird zum Konflikt, zur Auflehnung im ethischen Bereich, durch jene Sünde, die sich des menschlichen Herzens bemächtigt, in dem »das Begehren des Fleisches sich gegen den Geist richtet, das Begehren des Geistes aber gegen das Fleisch«[233]. Dieser Sünde muss der Heilige Geist »die Welt überführen«, wie wir schon gesagt haben. Der heilige Paulus ist derjenige, der die Spannung und den Kampf im menschlichen Herzen in besonders beredter Weise beschreibt. »Darum sage ich«, so lesen wir im Brief an die Galater: »Lasst euch vom Geist leiten, dann werdet ihr das Begehren des Fleisches nicht erfüllen. Denn das Begehren des Fleisches richtet sich gegen den Geist, das Begehren des Geistes aber gegen das Fleisch; beide stehen sich als Feinde gegenüber, so dass ihr nicht imstande seid, das zu tun, was ihr wollt«[234]. Schon im Menschen, als einem aus Geist und Körper zusammengesetztem Wesen, besteht eine gewisse Spannung, ein gewisser Richtungskampf zwischen dem »Geist« und dem Fleisch«. Dieser aber gehört in Wirklichkeit zum Erbe der Sünde; er ist deren Folge und zugleich deren Bestätigung. Er gehört zur täglichen Erfahrung. So schreibt der Apostel: »Die Werke des Fleisches sind deutlich erkennbar: Unzucht, Unsittlichkeit, ausschweifendes Leben, ... Trink- und Essgelage und ähnliches mehr«. Es sind Sünden, die man als »fleischlich« bezeichnen könnte.

Der Apostel aber fügt noch andere hinzu: »Feindschaften, Streit, Eifersucht, ... Spaltungen, Parteiungen, Neid«[235]. Dies alles sind »Werke des Fleisches«. Diesen Werken, die zweifellos böse sind, stellt Paulus aber »die Frucht des Geistes« gegenüber, wie »Liebe, Freude, Friede, Langmut, Freundlichkeit, Güte, Treue, Sanftmut und Selbstbeherrschung«[236].

Aus dem Zusammenhang ergibt sich deutlich, dass es dem Apostel nicht darum geht, den Körper zu diskriminieren und zu verurteilen, der zusammen mit der Geistseele die Natur des Menschen und seine personale Subjektivität bildet; er handelt vielmehr von den Werken oder besser von den habituellen Verhaltensweisen - Tugenden und Lastern -, die sittlich gut oder böse sind als Frucht der Unterordnung (im ersten Fall) oder des Widerstandes (im zweiten) gegen das Heilswirken des Heiligen Geistes. Deshalb schreibt der Apostel: »Wenn wir aus dem Geist leben, dann wollen wir dem Geist auch folgen«[237]. Und an anderer Stelle: »Denn alle, die vom Fleisch bestimmt sind, trachten nach dem, was dem Fleisch entspricht, alle, die vom Geist bestimmt sind, nach dem, was dem Geist entspricht«; »ihr aber seid... vom Geist bestimmt, da ja der Geist Gottes in euch wohnt«[238]. Der Gegensatz, den der heilige Paulus zwischen dem Leben »nach dem Geist« und dem Leben »nach dem Fleisch« feststellt, verursacht einen weiteren Gegensatz: den zwischen »Leben« und »Tod«. »Das Trachten des Fleisches führt zum Tod, das Trachten des Geistes aber zu Leben und Frieden«; von daher die Mahnung: »Wenn ihr nach dem Fleisch lebt, müsst ihr sterben; wenn ihr aber durch den Geist die (sündigen) Taten des Leibes tötet, werdet ihr leben«[239].

Gut zu beachten ist, dass dies eine Mahnung ist, in der Wahrheit zu leben, das heißt nach den Geboten des rechten Gewissens, und zugleich ein Bekenntnis des Glaubens an den Geist der Wahrheit als den, der lebendig macht. Der Leib nämlich ist »tot aufgrund der Sünde, der Geist aber ist Leben aufgrund der Gerechtigkeit ...

Wir sind also nicht dem Fleisch verpflichtet..., so dass wir nach dem Fleisch leben müssten«[240]. Wir sind vielmehr Christus verpflichtet, der im Ostergeheimnis unsere Rechtfertigung gewirkt hat, indem er uns den Heiligen Geist erlangt hat: »Denn um einen teuren Preis seid ihr erkauft worden«[241].

In den Texten des heiligen Paulus überlagern sich - und durchdringen sich gegenseitig - die ontologische Dimension (das Fleisch und der Geist), die ethische (das sittlich Gute und Böse), die pneumatologische (das Wirken des Heiligen Geistes in der Gnadenordnung). Seine Worte (besonders im Römer- und Galaterbrief) lassen uns die Größe jener Spannung und jenes Kampfes lebendig empfinden, der im Menschen zwischen der Öffnung gegenüber dem Wirken des Heiligen Geistes und dem Widerstand und der Auflehnung gegen ihn, gegen sein Heilsangebot, stattfindet. Die entgegengesetzten Begriffe oder Pole sind von Seiten des Menschen seine Begrenztheit und Sündhaftigkeit, neuralgische Punkte seiner psychologischen und ethischen Wirklichkeit; von Seiten Gottes das Geheimnis des Geschenkes, jenes ununterbrochene Sichschenken des göttlichen Lebens im Heiligen Geist. Wer wird den Sieg davontragen? Derjenige, der das Geschenk anzunehmen versteht.

56. Der Widerstand gegen den Heiligen Geist, den der heilige Paulus in der inneren und subjektiven Dimension als Spannung, Kampf und Auflehnung im menschlichen Herzen unterstreicht, findet leider in den verschiedenen Geschichtsepochen und besonders in unserer modernen Zeit auch ihre äußere Dimension, indem er sich als Inhalt der Kultur und der Zivilisation, als philosophisches System, als Ideologie, als Aktions- und Bildungsprogramm für das menschliche Verhalten konkretisiert. Dieser Widerstand findet seinen höchsten Ausdruck im Materialismus, sei es in seiner theoretischen Form, als Gedankensystem, sei es in seiner praktischen Form, als Methode der Interpretation und Bewertung der Tatsachen sowie als Programm eines entsprechenden Verhaltens.

Das System, das diese Denkweise, Ideologie und Praxis am meisten entwickelt und zu den äußersten praktischen Konsequenzen geführt hat, ist der dialektische und historische Materialismus, der noch immer als die Lebenssubstanz des Marxismus gilt. Grundsätzlich und de facto schließt der Materialismus die Gegenwart und das Wirken Gottes, der Geist ist, in der Welt und vor allem im Menschen aus; und zwar aus dem Hauptgrund, weil er dessen Existenz leugnet, da er von seinem Wesen und Programm her ein atheistisches System ist. Es ist das beeindruckende Phänomen unserer Zeit, dem das II. Vatikanische Konzil einige bezeichnende Seiten gewidmet hat: der Atheismus[242]. Wenn man auch vom Atheismus nicht auf univoke Weise sprechen noch ihn ausschließlich auf die materialistische Philosophie reduzieren kann, da es verschiedene Arten von Atheismus gibt und man vielleicht sagen kann, dass dieser Begriff oft in einem mehrdeutigen Sinn gebraucht wird, so ist doch sicher, dass ein wirklicher und echter Materialismus, verstanden als Theorie, die die Wirklichkeit erklärt, und angewandt als Grundprinzip des persönlichen und gesellschaftlichen Handelns, einen atheistischen Charakter hat. Der Horizont der Werte und Zielsetzungen des Handelns, den dieser aufweist, ist eng mit der Interpretation der Gesamtwirklichkeit als »Materie« verbunden. Wenn er auch manchmal, wie zum Beispiel im Bereich der Kultur und der Moral, von »Geist« und von »Fragen des Geistes« spricht, dann tut er das nur, insofern er gewisse Fakten als Folgeerscheinungen (Phänomene) der Materie betrachtet, die nach diesem System die einzige und ausschließliche Seinsweise darstellt.

Daraus folgt, dass nach einer solchen Interpretation die Religion nur als eine »idealistische Illusion« verstanden werden kann, die es in der nach den jeweiligen Orten und geschichtlichen Umständen geeignetsten Weise und mit den jeweils brauchbarsten Mitteln zu bekämpfen gilt, um sie aus der Gesellschaft und aus dem Herzen des Menschen selbst auszureißen.

Man kann deshalb sagen, dass der Materialismus die systematische und kohärente Weiterentwicklung jenes »Widerstandes« und Gegensatzes ist, den Paulus mit den Worten aufzeigt: »Das Begehren des Fleisches richtet sich gegen den Geist«. Diese Konfliktsituation ist aber beiderseitig, wie der Apostel im zweiten Teil seiner Aussage hervorhebt: »Das Begehren des Geistes aber richtet sich gegen das Fleisch«. Wer nach dem Geist leben möchte, in der Annahme und im Einklang mit seinem Heilswirken, muss notwendig die inneren und äußeren Neigungen und Forderungen des »Fleisches«, auch in seiner ideologischen und geschichtlichen Erscheinungsform des religionsfeindlichen »Materialismus«, zurückweisen. Vor diesem Hintergrund, der für unsere Zeit so kennzeichnend ist, muss man bei den Vorbereitungen auf das große Jubiläum das »Begehren des Geistes« hervorheben als fordernde Rufe, die in der Nacht eines neuen Advents erschallen, an dessen Ende wie vor zweitausend Jahren »alle Menschen das Heil sehen, das von Gott kommt«[243]. Das ist eine Möglichkeit und eine Hoffnung, welche die Kirche den Menschen von heute anvertraut. Sie weiß, dass der Zusammenstoß zwischen dem »Begehren gegen den Geist«, das so viele Aspekte der modernen Zivilisation kennzeichnet, besonders in einigen Bereichen, und dem »Begehren gegen das Fleisch« mit dem Kommen Gottes, mit seiner Menschwerdung und seinem stets neuen Sichmitteilen im Heiligen Geist in vielen Fällen einen dramatischen Charakter annehmen und vielleicht zu neuen menschlichen Niederlagen führen kann.

Sie glaubt aber fest, dass es sich von Seiten Gottes immer um ein heilbringendes Sichmitteilen, um ein heilsames Kommen und ein erlösendes »Offenlegen der Sünde« durch das Wirken des Geistes handelt.

57. In der paulinischen Gegenüberstellung von »Geist« und »Fleisch« ist auch der Gegensatz zwischen »Leben« und »Tod« enthalten. Ein schwerwiegendes Problem, zu dem sofort zu sagen ist, dass der Materialismus als Gedankensystem in allen seinen Formen die Annahme des Todes als endgültigen Endes der menschlichen Existenz bedeutet.

Alles, was materiell ist, ist vergänglich, und des-wegen ist der menschliche Körper (sofern »animalisch«) sterblich. Wenn der Mensch in seinem Wesen nur »Fleisch« ist, bleibt der Tod für ihn unüberwindliche Grenze und endgültiges Ende. So kann man verstehen, wie man sagen kann, dass das menschliche Leben ausschließlich ein »Sein zum Sterben« ist. Man muss hinzufügen, dass am Horizont der heutigen Zivilisation - besonders in der technisch-wissenschaftlich am höchsten entwickelten - die Zeichen und Hinweise auf den Tod besonders häufig anzutreffen sind. Es genügt, an den Rüstungswettlauf und an die darin enthaltene Gefahr einer nuklearen Selbstzerstörung zu denken. Andererseits ist die schwierige Lage in weiten Gebieten auf unserem Planeten, die von Not und Hungertod gekenn-zeichnet sind, allen immer bewusster geworden. Es geht dabei nicht nur um wirtschaftliche, sondern auch und vor allem um ethische Probleme. Aber am Horizont unserer Zeit verdichten sich noch finsterere »Zeichen des Todes«: Es hat sich die Sitte verbreitet - die an einigen Orten fast eine Institution zu werden droht -, den menschlichen Wesen, noch bevor sie geboren werden oder bevor sie zur natürlichen Grenze des Todes gelangt sind, das Leben zu nehmen.

Ferner sind trotz vieler ehrlicher Anstrengungen für den Frieden neue Kriege ausgebrochen und im Gange, die Hunderttausenden von Menschen das Leben oder die Gesundheit rauben. Und wie könnte man die Attentate auf das menschliche Leben von Seiten des Terrorismus vergessen, der auch auf internationaler Ebene organisiert ist?

Dies ist leider nur ein partieller und unvollständiger Überblick über das Bild des Todes, das sich in unserer Epoche darbietet, während wir uns immer mehr dem Ende des zweiten christlichen Jahrtausends nähern. Steigt nicht aus den dunklen Schatten der materialistischen Zivilisation und vor allem von jenen »Zeichen des Todes«, die im soziologisch-geschichtlichen Rahmen, in dem diese sich verwirklicht, immer zahlreicher werden, viel-leicht ein neuer, mehr oder weniger bewusster Ruf nach dem Geist auf, der lebendig macht?

In jedem Fall bleibt auch unabhängig vom Ausmaß der menschlichen Hoffnung oder Verzweiflung sowie der Illusionen oder der Täuschungen, die sich aus der Entwicklung der materialistischen Gedanken und Lebenssysteme ergeben, die christliche Gewissheit, dass »der Geist weht, wo er will« und dass wir »die Erstlingsgabe des Geistes« besitzen. Auch wir können den Leiden der vergänglichen Zeit unterworfen werden, aber »wir seufzen in unserem Herzen und warten... auf die Erlösung unseres Leibes«[244], das heißt unseres ganzen menschlichen Seins, körperlich und geistig. Wir seufzen, gewiss, aber in einer Erwartung voll unvergänglicher Hoffnung, weil sich gerade diesem menschlichen Wesen Gott genähert hat, der Geist ist. Gott Vater sandte »seinen Sohn in der Gestalt des Fleisches, das unter der Macht der Sünde steht, zur Sühne für die Sünde, um... die Sünde zu verurteilen«[245]. Auf dem Höhepunkt des Ostergeheimnisses ist der Sohn Gottes, der für die Sünden der Welt Mensch geworden und gekreuzigt worden ist, nach seiner Auferstehung in der Mitte seiner Apostel erschienen, hat sie angehaucht und ihnen gesagt: »Empfangt den Heiligen Geist«. Dieses »Hauchen« setzt sich für immer fort. Und siehe, »der Geist nimmt sich unserer Schwachheit an«[246].

4. Der Heilige Geist bei der Stärkung des »inneren Menschen«

58. Das Geheimnis der Auferstehung und des Pfingstgeschehens wird von der Kirche verkündet und gelebt, die das Zeugnis der Apostel über die Auferstehung Jesu Christi als Erbe empfangen hat und fortsetzt. Sie ist die fortwährende Zeugin dieses Sieges über den Tod, der die Macht des Heiligen Geistes offenbart und sein neues Kommen, seine neue Gegenwart in den Menschen und in der Welt bestimmt hat. Denn in der Auferstehung Christi hat der Heilige Geist, der Beistand, sich vor allem als derjenige offenbart, der lebendig macht: »Der Christus Jesus von den Toten auferweckt hat, wird auch euren sterblichen Leib lebendig machen, durch den Geist, der in euch wohnt«[247].

Im Namen der Auferstehung Christi verkündet die Kirche das Leben, das sich über die Grenze des Todes hinaus bezeugt hat, das Leben, das stärker ist als der Tod. Gleichzeitig verkündet sie denjenigen, der dieses Leben schenkt: den Geist, den Lebensspender; sie verkündet ihn und wirkt mit ihm zusammen in der Vermittlung des Lebens. Denn wenn »der Leib tot ist aufgrund der Sünde, ist der Geist Leben aufgrund der Gerechtigkeit«[248], die von dem gekreuzigten und auferstandenen Christus gewirkt worden ist. Im Namen der Auferstehung Christi dient die Kirche dem Leben, das aus Gott selbst hervorgeht, in enger Einheit und demütigem Dienst mit dem Geist.

Gerade durch diesen Dienst wird der Mensch auf immer neue Weise der »Weg der Kirche«, wie ich schon in der Enzyklika über Christus, den Erlöser, gesagt habe[249] und nun in dieser über den Heiligen Geist wiederhole. Vereint mit dem Geist ist sich die Kirche mehr als jeder andere der Wirklichkeit des inneren Menschen bewusst; dessen, was im Menschen tiefer und wesentlicher, weil geistig und unvergänglich, ist. Auf dieser Ebene senkt der Geist die »Wurzel der Unsterblichkeit«[250] ein, aus der das neue Leben entsteht: das heißt das Leben des Menschen in Gott, das sich als Frucht der heilswirkenden Selbstmitteilung Gottes im Heiligen Geist nur unter dessen Wirken entfalten und stärken kann. Deshalb wendet sich der Apostel für die Gläubigen an Gott und erklärt ihnen: »Ich beuge meine Knie vor dem Vater... und bitte, er möge euch... schenken, dass ihr in eurem Innern durch seinen Geist an Kraft und Stärke zunehmt«[251].

Unter dem Einfluss des Heiligen Geistes reift und erstarkt dieser innere, das heißt »geistige« Mensch. In der Selbstmitteilung Gottes begegnet der menschliche Geist, der nur »die Geheimnisse des Menschen kennt«, dem »Geist, der alles, auch die Tiefen Gottes ergründet«[252]. In diesem Geist, der das ewige Geschenk ist, öffnet sich der dreieinige Gott dem Menschen, dem menschlichen Geist.

Das verborgene Hauchen des göttlichen Geistes bewirkt, dass der menschliche Geist sich seinerseits der heilbringenden und heiligmachenden Selbsteröffnung Gottes öffnet. Durch das Geschenk der Gnade, die vom Geist kommt, tritt der Mensch in »ein neues Leben« ein, wird er in die übernatürliche Wirklichkeit des göttlichen Lebens selbst eingeführt und wird zur »Wohnung des Heiligen Geistes«, zum lebendigen Tempel Gottes«[253]. Denn durch den Heiligen Geist kommen der Vater und der Sohn zu ihm und nehmen Wohnung bei ihm[254]. In der gnadenhaften Gemeinschaft mit der Dreifaltigkeit erweitert sich der »Lebensraum« des Menschen, indem er auf die übernatürliche Ebene des göttlichen Lebens erhöht wird. Der Mensch lebt in Gott und aus Gott: er lebt »nach dem Geist« und »trachtet nach dem, was dem Geist entspricht«.

59. Die innige Beziehung mit Gott im Heiligen Geist lässt den Menschen auf neue Weise auch sich selber, sein eigenes Menschsein, verstehen. So wird jenes Bild und Gleichnis Gottes voll verwirklicht, das der Mensch seit Anfang an ist[255]. Diese innere Wahrheit des menschlichen Seins muss im Lichte dessen, der der Prototyp für das Verhältnis mit Gott ist, ständig neu entdeckt werden und in ihm auch die Wahrheit des »vollkommenen Sichfindens durch die aufrichtige Hingabe seiner selbst« zusammen mit den anderen Menschen, wie das II. Vatikanische Konzil schreibt: gerade aufgrund der göttlichen Ebenbildlichkeit, die »offenbar macht, dass der Mensch... auf Erden die einzige von Gott um ihrer selbst willen gewollte Kreatur ist« in ihrer Würde als Person, die zugleich aber offen ist für die gesellschaftliche Ergänzung und Gemeinschaft[256]. Die konkrete Kenntnis und volle Verwirklichung dieser Wahrheit des Seins erfolgen nur durch das Wirken des Heiligen Geistes. Der Mensch lernt diese Wahrheit von Jesus Christus und verwirklicht sie im eigenen Leben durch das Wirken des Geistes, den er selber uns gegeben hat.

Auf diesem Weg - auf dem Weg einer solchen inneren Reifung, die die volle Entdeckung der tieferen Bedeutung des Menschseins einschließt - wird Gott dem Menschen zuinnerst gegenwärtig und durchdringt immer tiefer die ganze menschliche Welt. Der dreieinige Gott, der in sich selbst als transzendente Wirklichkeit eines interpersonalen Geschenkes »existiert«, verwandelt, indem er sich im Heiligen Geist dem Menschen als Geschenk mitteilt, die Welt des Menschen von innen her, vom Innern der Herzen und der Gewissen.

Auf diesem Weg wird die Welt, die des göttlichen Geschenkes teilhaftig geworden ist - wie das Konzil lehrt -, »immer menschlicher, immer tiefer menschlich«[257], während in ihr durch Herz und Gewissen der Menschen das Reich heranreift, in dem Gott endgültig »alles in allem«[258] sein wird: als Geschenk und Liebe. Geschenk und Liebe: dies ist die ewige Macht der Selbsteröffnung des dreieinigen Gottes für den Menschen und die Welt, im Heiligen Geist.

Im Blick auf das Jahr 2000 seit der Geburt Christi geht es darum zu erreichen, dass eine wachsende Zahl von Menschen »sich selbst... durch die aufrichtige Hingabe ihrer selbst vollkommen finden kann«, wie der schon zitierte Satz des Konzils sagt. Unter dem Wirken des Geistes, des Beistandes, möge sich in unserer Welt jener wahre Reifungsprozess in der Menschheit, im Leben des einzelnen und der Gemeinschaft vollziehen, für den Jesus selbst, als er »zum Vater betet, dass alle eins seien... wie auch wir eins sind« (Joh. 17, 20-22), uns eine gewisse Ähnlichkeit nahelegt zwischen der Einheit der göttlichen Personen und der Einheit der Kinder Gottes in der Wahrheit und in der Liebe«[259]. Das Konzil bekräftigt diese Wahrheit vom Menschen, und die Kirche erblickt in ihr einen besonders starken und entscheidenden Hinweis auf die eigenen apostolischen Aufgaben. Wenn nämlich der Mensch der Weg der Kirche ist, so führt dieser Weg über das ganze Geheimnis Christi als göttliches Modell des Menschen.

Auf diesem Weg lässt der Heilige Geist, indem er in jedem einzelnen von uns »den inneren Menschen« stärkt, den Menschen immer besser »sich selbst finden durch die aufrichtige Hingabe seiner selbst«. Man kann sagen, dass in diesen Worten der Pastoralkonstitution des Konzils die ganze christliche Anthropologie zusammengefasst ist: jene Theorie und Praxis, die im Evangelium gründen, in welchem der Mensch, indem er in sich selbst die Zugehörigkeit zu Christus und in ihm die Erhöhung zum Kind Gottes entdeckt, auch seine Würde als Mensch besser versteht, gerade weil er das Subjekt des Kommens und der Gegenwart Gottes, das Subjekt der göttlichen Herablassung ist, in der die Perspektive und sogar die Wurzel für die endgültige Verherrlichung enthalten ist. Man kann also zu Recht wiederholen, dass »die Ehre Gottes der lebendige Mensch, das Leben des Menschen aber die Schau Gottes ist«[260]: Der Mensch ist, indem er ein göttliches Leben lebt, die Ehre Gottes, und der Heilige Geist ist der verborgene Ausspender dieses Lebens und verleiht diese Ehre. Er ist, so sagt Basilius der Große, »einfach im Wesen, vielfältig in seinen Machterweisen... Er breitet sich aus, ohne sich zu verzehren... Bei denen, die fähig sind, ihn zu empfangen, ist er jedem einzelnen so gegenwärtig, als wenn dieser allein wäre, und allen zugleich schenkt er die Gnade hinreichend und vollständig«[261].

60. Wenn die Menschen unter dem Einfluss des Beistandes diese göttliche Dimension ihres Seins und ihres persönlichen und gemeinschaftlichen Lebens entdecken, sind sie in der Lage, sich aus den verschiedenen Zwängen zu befreien, die hauptsächlich von den materialistischen Grundlagen des Denkens, der Praxis und der entsprechenden Methoden herrühren. In unserer Zeit sind diese Faktoren bis in das Innerste des Menschen eingedrungen, in jenes Heiligtum des Gewissens, wo der Heilige Geist ununterbrochen das Licht und die Kraft des neuen Lebens gemäß der »Freiheit der Kinder Gottes« mitteilt. Die Reifung des Menschen in diesem Leben wird durch die Beeinträchtigungen und den Druck behindert, welche die in den

verschiedenen Bereichen der Gesellschaft bestimmenden Strukturen und Mechanismen auf ihn ausüben. Man kann sagen, dass in vielen Fällen die gesellschaftlichen Faktoren, statt die Entfaltung und Öffnung des menschlichen Geistes zu fördern, diesen vielmehr von der eigentlichen Wahrheit seines Seins und seines Lebens entfernen - über das der Heilige Geist wacht - und ihn so dem »Herrscher dieser Welt« unterwerfen.

Das große Jubiläum des Jahres 2000 enthält also eine Botschaft der Befreiung durch das Wirken des Geistes, der allein den Menschen und Gemeinschaften helfen kann - indem er sie mit dem »Gesetz des Geistes, der in Jesus Christus lebendig macht«[262], führt -, sich aus den alten und neuen Zwängen zu befreien, wobei sie auf diese Weise das volle Maß der wahren Freiheit des Menschen entdecken und verwirklichen. Denn, so schreibt der heilige Paulus, »wo der Geist des Herrn wirkt, da ist Freiheit«[263]. Diese Offenbarung der Freiheit und somit der wahren Würde des Menschen erhält für die Christen und für die Kirche in der Verfolgung - sei es in alten Zeiten oder heute - eine besondere Bedeutung: Denn die Zeugen der göttlichen Wahrheit werden dadurch ein lebendiger Beweis für das Wirken des Geistes der Wahrheit, der im Herzen und im Gewissen der Gläubigen gegenwärtig ist, und zeigen nicht selten mit ihrem Martyrium die höchste Verherrlichung der menschlichen Würde. Auch unter den gewöhnlichen Bedingungen der Gesellschaft tragen die Christen als Zeugen der wahren Würde des Menschen durch ihren Gehorsam dem Heiligen Geist gegenüber zur vielfältigen »Erneuerung des Antlitzes der Erde« bei, indem sie mit ihren Brüdern zusammenarbeiten, um all das zu verwirklichen und zu vervollkommnen, was im heutigen Fortschritt der Zivilisation und Kultur, der Wissenschaft und Technik und der anderen Bereiche des menschlichen Denkens und Wirkens gut, edel und schön ist[264]. Dies tun sie als Jünger Christi, der - wie das Konzil schreibt - »durch seine Auferstehung zum Herrn bestellt, ... schon durch die Kraft seines Geistes in den Herzen der Menschen dadurch wirkt, dass er nicht nur das Verlangen nach der zukünftigen Welt in ihnen weckt, sondern eben dadurch auch jene selbstlosen Bestrebungen belebt, reinigt und stärkt, durch die die Menschheitsfamilie sich bemüht, ihr eigenes Leben humaner zu gestalten und die ganze Erde diesem Ziel dienstbar zu machen«[265].

So bekräftigen sie noch mehr die Größe des Menschen, der nach dem Bild und Gleichnis Gottes geschaffen worden ist, eine Größe, die im Geheimnis der Menschwerdung des Sohnes Gottes voll aufleuchtet, der »in der Fülle der Zeit« durch das Wirken des Heiligen Geistes in die Geschichte eingetreten ist und sich als wahrer Mensch offenbart hat, er, der Erstgeborene der ganzen Schöpfung; »von ihm stammt alles, und wir leben auf ihn hin«[266].

5. Die Kirche, Sakrament der innigen Einheit mit Gott

61. Da wir uns dem Ende des zweiten Jahrtausends nähern, das alle an die Ankunft des Wortes in der »Fülle der Zeit« erinnern und diese gleichsam neu gegenwärtig setzen soll, möchte die Kirche sich noch einmal in das Wesen ihrer gottmenschlichen Konstitution und jener Sendung versenken, die es ihr erlaubt, an der messianischen Sendung Christi teilzunehmen, nach der immer gültigen Lehre und Absicht des II. Vatikanischen Konzils. Wenn wir dieser Linie folgen, können wir bis zum Abendmahlssaal zurückgehen, wo Jesus Christus den Heiligen Geist als Beistand, als Geist der Wahrheit, offenbart und von seinem eigenen »Fortgehen« durch das Kreuz als notwendiger Bedingung für dessen »Kommen« spricht: »Es ist gut für euch, dass ich fortgehe. Denn wenn ich nicht fortgehe, wird der Beistand nicht zu euch kommen; gehe ich aber, so werde ich ihn zu euch senden«[267]. Wir haben gesehen, dass diese Ankündigung schon am Abend des Ostertages ihre erste Verwirklichung erfahren hat und dann erneut während der Feier des Pfingstfestes in Jerusalem; seither erfüllt sie sich in der Geschichte der Menschheit durch die Kirche.

Im Licht dieser Ankündigung erhält auch das seine volle Bedeutung, was Jesus - ebenfalls beim Letzten Abendmahl - über sein neues »Kommen« gesagt hat. Es ist nämlich bezeichnend, dass er in derselben Rede nicht nur sein »Fortgehen«, sondern auch sein neues »Kommen« ankündigt. Sagt er doch: »Ich werde euch nicht als Waisen zurücklassen, sondern ich komme wieder zu euch«[268]. Und im Augenblick seines endgültigen Abschieds vor der Himmel fahrt wiederholt er noch ausdrücklicher: »Seid gewiss: Ich bin bei euch«, ich bin es »alle Tage bis zum Ende der Welt«[269]. Dieses neue »Kommen« Christi, sein ständiges »Kommen«, um bei den Aposteln, bei der Kirche zu sein, dieses »ich bin bei euch bis zum Ende der Welt«, hebt natürlich die Tatsache seines »Fortgehens« nicht auf. Es erfolgt danach, nach dem Abschluss des messianischen Wirkens Christi auf Erden und im Zusammenhang mit der angekündigten Sendung des Heiligen Geistes, und gehört zum innersten Kern von dessen eigener Sendung. Und so geschieht es durch den Heiligen Geist, der bewirkt, dass Christus, der fortgegangen ist, jetzt und immer auf eine neue Weise kommt. Dieses neue »Kommen« Christi durch das Wirken des Heiligen Geistes sowie seine ständige Gegenwart und sein stetes Handeln im geistigen Leben geschehen in der sakramentalen Wirklichkeit. Christus, der in seiner sichtbaren Menschheit fortgegangen ist, wird und ist in der Kirche gegenwärtig und wirkt in ihr auf solch innige Weise, dass er sie zu seinem Leib macht. Als solcher lebt, wirkt und wächst die Kirche »bis zum Ende der Welt«. Dies alles geschieht durch das Wirken des Heiligen Geistes.

62. Der vollständigste sakramentale Ausdruck des »Fortgehens« Christi durch das Geheimnis von Kreuz und Auferstehung ist die Eucharistie; in ihr verwirklicht sich auch immer wieder in sakramentaler Weise sein »Kommen«, seine heilschaffende Gegenwart: im Opfer und in der Kommunion. Sie erfolgt durch das Wirken des Heiligen Geistes, innerhalb seiner eigenen Sendung[270].

Durch die Eucharistie verwirklicht der Heilige Geist jene »Stärkung des inneren Menschen«, von der der Brief an die Epheser spricht[271]. Durch die Eucharistie lernen die Personen und Gemeinschaften unter dem Wirken des Beistandes, des Trösters, den göttlichen Sinn des menschlichen Lebens zu entdecken, auf den das Konzil hingewiesen hat: jenen Sinn, durch den Jesus Christus »dem Menschen den Menschen selbst voll kundmacht«, indem er »eine gewisse Ähnlichkeit zwischen der Einheit der göttlichen Personen und der Einheit der Kinder Gottes in der Wahrheit und in der Liebe«[272] nahelegt. Eine solche Einheit bekundet und verwirklicht sich besonders durch die Eucharistie, in der der Mensch durch die Teilnahme am Opfer Christi, der diese Feier vollzieht, auch lernt, »sich selbst zu finden ... durch die ... Hingabe seiner selbst«[273], in der Gemeinschaft mit Gott und mit den Mitmenschen, seinen Brüdern.

Deswegen hielten die ersten Christen seit den Tagen nach der Herabkunft des Heiligen Geistes fest »am Brechen des Brotes und an den Gebeten« und bildeten auf diese Weise eine durch die Lehre der Apostel geeinte Gemeinschaft[274]. So »erkannten« sie, dass ihr auferstandener Herr, der bereits in den Himmel aufgefahren war, in jener eucharistischen Gemeinschaft der Kirche und durch sie neu in ihre Mitte kam. Geführt vom Heiligen Geist hat die Kirche von Anfang an sich selbst durch die Eucharistie ausgedrückt und bekräftigt. Und so war es immer, in allen christlichen Generationen, bis in unsere Zeit, bis zu dieser Vigil der Vollendung des zweiten christlichen Jahrtausends. Gewiss, wir müssen leider feststellen, dass dieses schon fast vergangene Jahrtausend jenes der großen Spaltungen unter den Christen gewesen ist. Somit müssen sich alle, die an Christus glauben, nach dem Beispiel der Apostel mit allen Kräften darum bemühen, ihr Denken und Handeln mit dem Willen des Heiligen Geistes in Einklang zu bringen, der »das Prinzip der Einheit der Kirche« ist[275], damit alle, die durch den einen Geist in der Taufe in einen einzigen Leib aufgenommen wurden, sich als

Brüder vereint zur Feier derselben Eucharistie zusammenfinden, die »das Sakrament huldvollen Erbarmens, das Zeichen der Einheit, das Band der Liebe« ist[276].

63. Die eucharistische Gegenwart Christi - sein sakramentales »Ich bin bei euch« - ermöglicht es der Kirche, das eigene Geheimnis immer tiefer zu entdecken, wie es die ganze Ekklesiologie des II. Vatikanischen Konzils bezeugt, für das »die Kirche... in Christus gleichsam das Sakrament, das heißt Zeichen und Werkzeug für die innigste Vereinigung mit Gott wie für die Einheit der ganzen Menschheit« ist[277]. Als Sakrament entwickelt sich die Kirche vom österlichen Geheimnis des »Fortgehens« Christi her, indem sie von seinem stets neuen »Kommen« durch das Wirken des Heiligen Geistes innerhalb derselben Sendung des Geistes der Wahrheit, des Trösters, lebt. Genau dies ist das wesentliche Geheimnis der Kirche, wie es das Konzil bekennt.

Wenn Gott kraft der Schöpfung derjenige ist, in dem wir alle »leben, uns bewegen und sind«[278], bleibt und entfaltet sich die Macht der Erlösung ihrerseits in der Geschichte des Menschen und der Welt gleichsam in einem doppelten »Rhythmus«, dessen Quelle sich im ewigen Vater befindet. Es ist einerseits der Rhythmus der Sendung des Sohnes, der in die Welt gekommen ist, geboren aus der Jungfrau Maria durch das Wirken des Heiligen Geistes; andererseits ist es auch der Rhythmus der Sendung des Heiligen Geistes, der von Christus endgültig offenbart worden ist. Durch das »Fortgehen« des Sohnes ist der Heilige Geist gekommen und kommt fortwährend als Beistand und Geist der Wahrheit.

Und im Rahmen seiner Sendung, gleichsam im innersten Raum der unsichtbaren Gegenwart des Geistes, »kommt« der Sohn, der im Ostergeheimnis »fortgegangen« war, und ist ständig gegenwärtig im Geheimnis der Kirche; mal verbirgt er sich, mal zeigt er sich offen in ihrer Geschichte, deren Lauf er stets bestimmt.

Dies alles geschieht auf sakramentale Weise, durch das Wirken des Heiligen Geistes, der, indem er aus den Reichtümern der Erlösung Christi schöpft, fortwährend lebendig macht. Indem die Kirche sich dieses Geheimnisses immer lebendiger bewusst wird, erkennt sie sich selbst besser vor allem als Sakrament.

Das geschieht auch, weil die Kirche nach dem Willen ihres Herrn ihren Heilsdienst gegenüber dem Menschen durch die verschiedenen Sakramente vollzieht. Der sakramentale Dienst enthält jedesmal, wenn er vollzogen wird, in sich das Geheimnis des »Fortgehens« Christi durch Kreuz und Auferstehung, kraft dessen der Heilige Geist kommt. Er kommt und wirkt: »er macht lebendig«. Denn die Sakramente bezeichnen die Gnade und vermitteln die Gnade: sie bezeichnen das Leben und vermitteln das Leben. Die Kirche ist die sichtbare Ausspenderin der heiligen Zeichen, während der Heilige Geist als unsichtbarer Ausspender des Lebens wirkt, das sie bezeichnen. Zusammen mit dem Geist ist dort gegenwärtig und handelt darin Jesus Christus.

64. Wenn die Kirche das Sakrament für die innerste Vereinigung mit Gott ist, so ist sie dies in Jesus Christus, in dem diese gleiche Verei-nigung als Heilswirklichkeit gegenwärtig ist. Sie ist es in Jesus Christus durch das Wirken des Heiligen Geistes. Die Fülle der Heilswirklichkeit, die Christus in der Geschichte darstellt, breitet sich auf sakramentale Weise in der Kraft des Geistes, des Trösters, aus.

So ist der Heilige Geist der »neue Beistand« (»ein anderer Beistand«), weil durch sein Wirken die Frohe Botschaft im Gewissen und Herzen der Menschen Gestalt annimmt und sich in der Geschichte ausbreitet. In allen diesen Dimensionen macht der Heilige Geist »lebendig«. Wenn wir das Wort »Sakrament« für die Kirche gebrauchen, müssen wir uns dessen bewusst sein, dass im konziliaren Text die Sakramentalität der Kirche als verschieden von jener erscheint, die den Sakramenten im strengen Sinn eigen ist.

Dort lesen wir: »Die Kirche ist... gleichsam das Sakrament, das heißt Zeichen und Werkzeug für die innigste Vereinigung mit Gott«. Was aber zählt und aus dem analogen Sinn, in dem das Wort in beiden Fällen gebraucht wird, aufleuchtet, ist die Beziehung, die die Kirche durch die Macht des Heiligen Geistes zu demjenigen hat, der allein lebendig macht: Die Kirche ist Zeichen und Werkzeug der Gegenwart und des Wirkens des lebenspendenden Geistes. Das II. Vatikanische Konzil fügt hinzu, dass die Kirche »das Sakrament... für die Einheit der ganzen Menschheit« ist. Es handelt sich hier offensichtlich um die Einheit, die das Menschenge-schlecht, das in sich selbst auf vielfältige Weise differenziert ist, von Gott und in Gott hat. Sie wurzelt im Geheimnis der Schöpfung und erhält im Geheimnis der Erlösung eine neue Dimension im Bezug auf das universale Heil. Weil Gott will, »dass alle Menschen gerettet werden und zur Erkenntnis der Wahrheit gelangen«[279], umfasst die Erlösung alle Menschen und in gewissem Sinn die ganze Schöpfung. In derselben universalen Dimension der Erlösung wirkt kraft des »Fortgehens« Christi der Heilige Geist Deshalb versteht sich die Kirche, die durch ihr eigenes Geheimnis in der trinitarischen Heilsordnung verwurzelt ist, selbst mit gutem Recht als »Sakrament ... für die Einheit der ganzen Menschheit«. Sie weiß, dass sie dies ist in der Kraft des Heiligen Geistes, deren Zeichen und Werkzeug in der Verwirklichung des Heilsplanes Gottes sie darstellt.

Auf diese Weise verwirklicht sich die »Herablassung« der unendlichen dreifaltigen Liebe: das Kommen Gottes, der unsichtbarer Geist ist, in die sichtbare Welt. Der eine und dreifaltige Gott teilt sich dem Menschen im Heiligen Geist von Anfang an mit durch sein »Bild und Gleichnis«. Unter dem Wirken desselben Geistes nähern sich der Mensch und durch ihn die geschaffene und von Christus erlöste Welt ihrer endgültigen Bestimmung in Gott. Für diese Annäherung der beiden Pole der Schöpfung und der Erlösung, Gott und Mensch, ist die Kirche ein »Sakrament, das heißt Zeichen und Werkzeug«.

Sie wirkt, um die Einheit an den Wurzeln selbst des Menschengeschlechtes wiederherzustellen und zu festigen: in der gegenseitigen Beziehung, die der Mensch mit Gott als seinem Schöpfer, Herrn und Erlöser hat. Dies ist eine Wahrheit, die wir aufgrund der Lehre des Konzils bedenken, erklären und anwenden können in der ganzen Weite ihrer Bedeutung für diese Phase des Übergangs vom zweiten zum dritten christlichen Jahrtausend. Mit Freude werden wir uns immer mehr der Tatsache bewusst, dass innerhalb des von der Kirche in der Heilsgeschichte vollzogenen Wirkens, das der Geschichte der Menschheit eingeprägt ist, der Heilige Geist gegenwärtig und am Werk ist, der mit dem Hauch des göttlichen Lebens die irdische Pilgerschaft des Menschen durchdringt und die ganze Schöpfung - die ganze Geschichte - auf ihr letztes Ziel im unendlichen Meer Gottes ausrichtet.

6. Der Geist und die Braut sagen: »Komm!«

65. Der göttliche Lebenshauch, der Heilige Geist, drückt sich in seiner einfachsten und gewöhnlichsten Form im Gebet aus und macht sich darin vernehmbar. Es ist schön und heilsam, daran zu denken, dass, wo immer man in der Welt betet, der Heilige Geist, der belebende Atem des Gebetes, gegenwärtig ist. Es ist schön und heilsam zu erkennen, dass ebenso, wie das Gebet in Vergangenheit, Gegenwart und Zukunft auf der ganzen Erde verbreitet ist, auch der Heilige Geist überall gegenwärtig ist und wirkt, der das Gebet im Herzen des Menschen »haucht« in der unermesslichen Vielfalt der verschiedensten Situationen und Umstände, die das geistige und religiöse Leben teils begünstigen, teils behindern. Oftmals steigt das Gebet unter dem Wirken des Heiligen Geistes aus dem Herzen des Menschen auf trotz der Verbote, der Verfolgungen und sogar der offiziellen Erklärungen über den areligiösen oder gar atheistischen Charakter des öffentlichen Lebens. Das Gebet bleibt immer die Stimme all derer, die scheinbar keine Stimme haben - und in dieser Stimme ertönt immer jener »laute Schrei«, der vom Hebräerbrief Christus zugeschrieben wird[280].

Das Gebet ist auch die Offenbarung jenes Abgrundes, den das Herz des Menschen darstellt: eine Tiefe, die von Gott kommt und die nur Gott ausfüllen kann, eben mit dem Heiligen Geist. Bei Lukas lesen wir: »Wenn nun schon ihr, die ihr böse seid, euren Kindern gebt, was gut ist, wieviel mehr wird der Vater im Himmel den Heiligen Geist denen geben, die ihn bitten«[281]. Der Heilige Geist ist das Geschenk, das zusammen mit dem Gebet in das Herz des Menschen kommt. Darin zeigt er sich zuerst und vor allem als das Geschenk, das »sich unserer Schwachheit annimmt«.

Es ist der großartige Gedanke, den der heilige Paulus im Römerbrief entwickelt, wenn er schreibt: »Denn wir wissen nicht, worum wir in rechter Weise beten sollen; der Geist selber tritt jedoch für uns ein mit Seufzen, das wir nicht in Worte fassen können«[282].

Der Heilige Geist bewegt uns also nicht nur dazu, dass wir beten, sondern führt uns »von innen her« auch im Gebet selber, indem er unser Unvermögen ergänzt und uns von unserer Unfähigkeit, zu beten, heilt: Er ist gegenwärtig in unserem Beten und verleiht ihm eine göttliche Dimension[283]. So »weiß Gott, der die Herzen erforscht, was die Absicht des Geistes ist: Er tritt so, wie Gott es will, für die Heiligen ein«[284]. Das Gebet wird durch das Wirken des Heiligen Geistes ein immer reiferer Ausdruck des neuen Menschen, der dadurch am göttlichen Leben teilnimmt.

Unsere schwierige Epoche bedarf in besonderer Weise des Gebetes. Wie im Laufe der Geschichte - gestern wie heute - zahlreiche Männer und Frauen Zeugnis abgelegt haben für die Wichtigkeit des Gebetes und sich vor allem in den Klöstern zum großen Nutzen der Kirche dem Gotteslob und dem Gebetsleben geweiht haben, so wächst in diesen Jahren auch die Zahl der Menschen, die in Bewegungen und immer mehr verbreiteten Gruppen dem Gebet die erste Stelle einräumen und darin geistliche Erneuerung suchen. Dies ist ein bedeutendes und trostvolles Zeichen; denn aus einer solchen Erfahrung er gibt sich ein echter Beitrag zur Belebung des Gebetes unter den Gläubigen, die darin eine Hilfe finden, um im Heiligen Geist denjenigen zu erblicken der in den Herzen eine tiefe Sehnsucht nach Heiligkeit weckt.

In vielen einzelnen Menschen und in vielen Gemeinschaften reift das Bewusstsein, dass bei allem schwindelerregenden Fortschritt der technisch-wissenschaftlichen Zivilisation, trotz der wirklichen Errungenschaften und erreichten Ziele der Mensch bedroht ist, die Menschheit bedroht ist. Angesichts dieser Gefahr, ja schon durch die Erfahrung der erschreckenden Wirklichkeit des geistigen Verfalls des

Menschen, suchen einzelne Personen und ganze Gemeinschaften, gleichsam geführt von einem inneren Glaubenssinn, nach der Kraft, die imstande ist, den Menschen wieder aufzurichten, ihn von sich selbst zu befreien, von seinen eigenen Fehlern und Verirrungen, die oft sogar seine eigenen Errungenschaften für ihn schädlich machen. Und so entdecken sie das Gebet, in dem sich der Geist kundtut, »der sich unserer Schwachheit annimmt«. Auf diese Weise bringen die Zeiten, in denen wir leben, die vielen Menschen, die zum Gebet zurückkehren, dem Heiligen Geist näher. Und ich vertraue darauf, dass alle in der Unterweisung dieser Enzyklika Nahrung für ihr inneres Leben finden; möge es ihnen unter dem Antrieb des Heiligen Geistes gelingen, ihr Beten im Einklang mit der Kirche und ihrem Lehramt kraftvoll erstarken zu lassen.

66. Inmitten der Probleme, Enttäuschungen und Hoffnungen, des Abfalls und der Rückkehr von Gläubigen in unserer Zeit bleibt die Kirche dem Geheimnis ihrer Geburt treu. Wenn es eine geschichtliche Tatsache ist, dass die Kirche am Pfingsttag aus dem Abendmahlssaal ausgezogen ist, so kann man doch in einem gewissen Sinn auch sagen, dass sie ihn niemals verlassen hat. Geistig gesehen gehört das Pfingstgeschehen nicht nur der Vergangenheit an: Die Kirche ist immer im Abendmahlssaal, sie trägt ihn im Herzen.

Die Kirche verweilt im Gebet, wie die Apostel zusammen mit Maria, der Mutter Christi, und mit denjenigen, die in Jerusalem den ersten Kern der christlichen Gemeinde bildeten und im Gebet auf das Kommen des Heiligen Geistes warteten.

Die Kirche verharrt mit Maria im Gebet. Diese Einheit der betenden Kirche mit der Mutter Christi gehört zum Geheimnis der Kirche von Anfang an: Wir sehen sie in diesem Geheimnis gegenwärtig, wie sie im Geheimnis ihres Sohnes gegenwärtig ist. Dies sagt uns das Konzil: »Die selige Jungfrau..., vom Heiligen Geist überschattet, ... gebar ... einen Sohn, den Gott gesetzt hat zum Erstgeborenen unter vielen Brüdern (Röm 8, 29), den Gläubigen nämlich, bei deren Geburt und Erziehung sie in mütterlicher Liebe mitwirkt; sie ist »durch ihre einzigartigen Gnaden und Gaben... mit der Kirche auf das innigste verbunden«; sie ist »der Typus der Kirche«[285]. »Die Kirche wird, indem sie Marias geheimnisvolle Heiligkeit betrachtet, ihre Liebe nachahmt..., auch selbst Mutter« und bewahrt »in Nachahmung der Mutter ihres Herrn in der Kraft des Heiligen Geistes jungfräulich einen unversehrten Glauben, eine feste Hoffnung und eine aufrichtige Liebe«: »Auch sie (die Kirche) ist Jungfrau, da sie das Treuewort, das sie dem Bräutigam gegeben hat, ... bewahrt«[286]. Man versteht so den tiefen Sinn, warum die Kirche, vereint mit der Jungfrau und Mutter, sich ununterbrochen als Braut an ihren göttlichen Bräutigam wendet, wie die Worte der Offenbarung des Johannes bezeugen, die das Konzil zitiert: »Der Geist und die Braut sagen zum Herrn Jesus: Komm!«[287]. Das Gebet der Kirche ist diese ununterbrochene Bitte, in der »der Geist selber für uns eintritt«: In gewisser Weise spricht er sie selber aus mit der Kirche und in der Kirche.

Denn der Geist ist der Kirche gegeben, damit durch seine Kraft die ganze Gemeinde des Volkes Gottes, wie verzweigt und vielfältig sie auch ist, in der Hoffnung ausharrt: in jener Hoffnung, in der »wir gerettet sind«[288].

Es ist die eschatologische Hoffnung, die Hoffnung der endgültigen Vollendung in Gott, die Hoffnung des ewigen Reiches, das sich in der Teilnahme am dreifaltigen Leben verwirklichen wird. Der Heilige Geist, den Aposteln als Beistand gegeben, ist Hüter und Seele dieser Hoffnung im Herzen der Kirche.

Im Blick auf das dritte Jahrtausend nach Christus, da »der Geist und die Braut zum Herrn Jesus sagen: Kommt!«, ist dieses ihr Gebet wie immer voller eschatologischer Tragweite, die dazu bestimmt ist, auch der Feier des großen Jubiläums ihre volle Bedeutung zu geben. Es ist ein Gebet, das auf die Heilsziele ausgerichtet ist, für die der Heilige Geist mit seinem Wirken durch die ganze Geschichte des Menschen auf der Erde die Herzen öffnet. Zugleich aber richtet sich dieses Gebet auf einen ganz bestimmten Augenblick der Geschichte, in dem die »Fülle der Zeit«, auf die uns das Jahr 2000 hinweist, neu aufleuchtet. Auf dieses Jubiläum will sich die Kirche im Heiligen Geist vorbereiten, wie die Jungfrau von Nazaret, in der das Wort Fleisch geworden ist, vom Heiligen Geist vorbereitet worden ist.

SCHLUSS

67. Wir wollen diese Überlegungen beschließen im Herzen der Kirche und im Herzen des Menschen. Der Weg der Kirche geht durch das Herz des Menschen; denn hier ist der verborgene Ort der heilbringenden Begegnung mit dem Heiligen Geist, mit dem verborgenen Gott. Genau hier wird der Heilige Geist zur »sprudelnden Quelle, deren Wasser ewiges Leben schenkt«[289]. Hierher kommt er als Geist der Wahrheit, als Paraklet, wie er von Christus verheißen worden ist. Von hieraus wirkt er als Tröster, Fürsprecher, Beistand - besonders, wenn der Mensch und die Menschheit vor dem Verdammungsurteil jenes »Anklägers« stehen, von dem die Offenbarung des Johannes sagt, dass er die Brüder »bei Tag und bei Nacht vor unserem Gott verklagt«[290].

Der Heilige Geist hört nicht auf, Hüter der Hoffnung im Herzen des Menschen zu sein: der Hoffnung aller menschlichen Geschöpfe und besonders derjenigen, die »als Erstlingsgabe den Geist haben« und »auf die Erlösung ihres Leibes warten«[291].

Der Heilige Geist setzt in seiner geheimnisvollen göttlichen Gemeinschaft mit dem Erlöser des Menschen dessen Werk kontinuierlich fort: Er nimmt von Christus und vermittelt es allen, indem er durch das Herz des Menschen fortwährend in die Geschichte der Welt eintritt. Hier wird er - wie die Sequenz der Pfingstliturgie sagt - wahrhaft zum »Vater der Armen, Spender der Gaben, Licht der Herzen«; er wird zum »süßen Seelengast«, den die Kirche an der Schwelle zum Herzen eines jeden Menschen beständig grüßt. Er bringt inmitten der Mühen, der Arbeit der Arme und des Verstandes des Menschen »Ruh und Geborgenheit«; er bringt »Ruhe« und »Erquickung« inmitten der Hitze des Tages, inmitten der Unruhen,

der Auseinandersetzungen und Gefahren jeder Epoche; er bringt schließlich »Trost«, wenn das menschliche Herz weint und zu verzweifeln versucht ist. Deshalb ruft dieselbe Sequenz aus: »Ohne dein lebendig Wehn kann im Menschen nichts bestehen, kann nichts heil sein noch gesund«. Nur der Heilige Geist »überführt der Sünde«, des Bösen, mit dem Ziel, im Menschen und in der menschlichen Welt das Gute wiederherzustellen: um »das Angesicht der Erde zu erneuern«. Deswegen wirkt er die Reinigung von allem, was den Menschen »verunstaltet«, von »dem, was ihn befleckt«; er heilt auch die tiefsten Wunden der menschlichen Existenz; er verwandelt die innere Dürre der Seelen in fruchtbare Felder der Gnade und Heiligkeit. Was »verhärtet« ist, »beugt er«; was »erkaltet« ist, »wärmt er«; was »irre geht«, »lenkt er« auf die Wege des Heils zurück[292].

Indem die Kirche so betet, bekennt sie ununterbrochen ihren Glauben: Es gibt in unserer geschaffenen Welt einen Geist, der ein ungeschaffenes Geschenk ist.

Es ist der Geist des Vaters und des Sohnes: Wie der Vater und der Sohn ist er nicht geschaffen, unermesslich, ewig, allmächtig, Gott und Herr[293]. Dieser Geist Gottes »erfüllt das Universum«, und alles, was geschaffen ist, erkennt in ihm die Quelle seiner Identität, findet in ihm seinen transzendenten Ausdruck, wendet sich an ihn und erwartet ihn, ruft ihn an mit seinem eigenen Sein. Zu ihm als Beistand, als Geist der Wahrheit und der Liebe wendet sich der Mensch, der von Wahrheit und Liebe lebt und der ohne die Quelle der Wahrheit und der Liebe nicht leben kann.

Zu ihm wendet sich die Kirche, die das Herz der Menschheit ist, um für alle jene Gaben der Liebe, die durch ihn »in unsere Herzen ausgegossen ist«[294], zu erbitten und sie an alle auszuteilen. An ihn wendet sich die Kirche auf den mühsamen Wegen der Pilgerschaft des Menschen auf Erden: Sie bittet und bittet ununterbrochen, dass die Taten der Menschen rechtschaffen seien aufgrund seines Wirkens; sie bittet um die Freude und den Trost, den nur er, der wahre Tröster, spenden kann, indem er in die Tiefe des menschlichen Herzens hinabsteigt[295]; sie bittet um die Gnade der Tugenden, die die himmlische Herrlichkeit verdienen; sie bittet um das ewige Heil in der vollen Gemeinschaft des göttlichen Lebens, zu dem der Vater die Menschen, die aus Liebe als Bild und Gleichnis der Heiligsten Dreifaltigkeit erschaffen worden sind, von Ewigkeit »vorherbestimmt« hat.

Die Kirche bittet mit ihrem Herzen, das alle menschlichen Herzen in sich fasst, den Heiligen Geist um das Glück, das allein in Gott seine volle Verwirklichung findet: die Freude, »die niemand nehmen kann«[296], die Freude, die Frucht der Liebe und somit die Frucht Gottes ist, der die Liebe ist; sie bittet um »Gerechtigkeit, Friede und Freude im Heiligen Geist«, worin nach dem heiligen Paulus das Reich Gottes besteht[297].

Auch der Friede ist Frucht der Liebe: jener innere Friede, den der gehetzte Mensch in der Tiefe seines Wesens sucht; jener Friede, der von der Menschheit, von der Menschheitsfamilie, von den Völkern, von den Nationen, von den Kontinenten gefordert wird mit der bangen Hoffnung, ihn im Blick auf den Übergang vom zweiten zum dritten christlichen Jahrtausend wirklich zu erlangen.

Da der Weg zum Frieden letztlich über die Liebe führt und darauf abzielt, eine Zivilisation der Liebe zu schaffen, heftet die Kirche ihren Blick auf den, der die Liebe des Vaters und des Sohnes ist; sie hört trotz der wachsenden Bedrohungen nicht auf zu vertrauen, sie hört nicht auf, den Frieden für den Menschen auf Erden zu fordern und ihm zu dienen. Ihr Vertrauen gründet sich auf denjenigen, der als Geist der Liebe auch der Geist des Friedens ist und nicht aufhört, in der menschlichen Welt, am Horizont der menschlichen Gewissen und Herzen gegenwärtig zu sein, um mit Liebe und Frieden »den Erdkreis zu erfüllen«.

Vor ihm knie ich mich am Ende dieser Überlegungen nieder und flehe darum, daß er als Geist des Vaters und des Sohnes uns allen den Segen und die Gnade gewähre, die ich im Namen der Heiligsten Dreifaltigkeit den Söhnen und Töchtern der Kirche und der ganzen Menschheitsfamilie übermitteln möchte.

Gegeben zu Rom, bei Sankt Peter, am 18. Mai, dem Pfingstfest des Jahres 1986, dem achten meines Pontifikates.

Anmerkungen/ Quellenhinweise

1 Joh 7, 37 f.

2 Joh 7, 39.

3 Joh 4, 14; vgl. II. VATIKANISCHES KONZIL, Dogmatische Konstitution über die Kirche »Lumen gentium«, 4.

4 Vgl. Joh 3, 5.

5 Vgl. Leo XIII., Enzyklika »Divinum illud munus« (9. Mai 1897): »Acta Leonis«, 17 (1898) 125-148; PIUS XII., Enzyklika »Mystici Corporis« (29. Juni 1943): AAS 35 (1943) 193-248.

6 Generalaudienz vom 6. Juni 1973: »Insegnamenti di Paolo VI«, XI (1973) 477.

7 Messbuch, S. 324; vgl. 2 Kor 13, 13.

8 Joh 3, 17.

9 Phil 2, 11.

10 Vgl. II. VATIKANISCHES KONZIL, Dogmatische Konsitution über die Kirche »Lumen gentium«, 4; JOHNNES PAUL II., »Ansprache an die Teilnehmer des Internationalen Kongresses für Pneumatologie« (26. Marz 1982), 1: Insegnamenti V/1 (1982) 1004.

11 Vgl. Joh 4, 24.

12 Vgl. Röm 8, 22; Gal 6, 15.

13 Vgl. Mt 24, 35.

14 Joh 4,14.

15 II. VATIKANISCHES KONZIL, Dogmatische Konstitution über die Kirche »Lumen gentium«, 17.

16 »Allon par‡kleton«: Joh 14, 16.

17 Joh 14, 13. 16 f.

18 Vgl. 1 Joh 2,1.

19 Joh 14, 26.

20 Joh 15, 26 f.

21 Vgl. 1 Joh 1, 1-3; 4, 14.

22 »Das von Gott Geoffenbarte, das in der Heiligen Schrift enthalten ist und vorliegt, ist unter dem Anhauch des Heiligen Geistes aufgezeichnet worden«, und darum muss diese Heilige Schrift »in dem Geist gelesen und ausgelegt werden, in dem sie geschrieben wurde«: II. VATIKANISCHES KONZIL, Dogmatische Konstitution über die göttliche Offenbarung »Dei verbum«, 11. 12.

23 Joh 16, 12 f.

24 Apg 1, 1.

25 Joh 16, 14.

26 Joh 16, 15.

27 Joh 16, 7 f.

28 Joh 15, 26.

29 Joh 14, 16.

30 Joh 14, 26.

31 Joh 15, 26.

32 Joh 14, 16.

33 Joh 16, 7.

34 Vgl. Joh 3, 16 f., 34; 6, 57; 17, 3. 18. 23.

35 Mt 28, 19.

36 Vgl. 1 Joh 4, 8. 16.

37 1 Kor 2, 10.

38 Vgl. THOMAS VON AQUIN, »Summa Theol«., I, qq. 37-38.

39 Röm 5, 5.

40 Joh 16, 14.

41 Gen 1, 1 f.

42 Gen 1, 26.

43 Röm 8, 19-22.

44 Joh 16, 7.

45 Gal 4, 6, vgl. Röm 8, 15.

46 Vgl. Gal 4, 6; Phil 1, 19; Röm 8, 11.

47 Vgl. Joh 16, 6.

48 Vgl. Joh 16, 20.

49 Vgl. Joh 16, 7.

50 Apg 10, 37 f.

51 Vgl. Lk 4, 16-21; 3, 16; 4, 14; Mk 1, 10.

52 Jes 11, 1-3.

53 Jes 61, 1 f.

54 Jes 48, 16.

55 Jes 42, 1.

56 Vgl. Jes 53, 5-6. 8.

57 Jes 42, 1.

58 Jes 42, 6.

59 Jes 49, 6.

60 Jes 59, 21.

61 Vgl. Lk 2, 25-35.

62 Vgl. Lk 1, 35.

63 Vgl. Lk 2,19. 51.

64 Vgl. Lk 4, 16-21; Jes 61, 1 f.

65 Lk 3, 16; vgl. Mt 3, 11; Mk 1, 7 ; Joh 1, 33.

66 Joh 1, 29.

67 Vgl. Joh 1, 33 f.

68 Lk 3, 21 f.; Vf. Mt 3, 16; Mk 1, 10.

69 Mt 3, 17.

70 Vgl. BASILIUS, »De Spiritu Sancto«, XVI, 39: PG 32, 139.

71 Apg 1, 1.

72 Vgl. Lk 4, 1.

73 Vgl. Lk 10, 17-20.

74 Lk 10, 21; vgl. Mt 11, 25 f.

75 Lk 10, 22; vgl. Mt 11, 27.

76 Mt 3, 11; Lk 3, 16.

77 Joh 16, 13.

78 Joh 16, 14.

79 Joh 16, 15.

80 Vgl. Joh 14, 26; 15, 26.

81 Joh 3, 16.

82 Röm 1, 3 f.

83 Ez 36, 26 f.; vgl. Job 7, 37-39; 19, 34.

84 Joh 16, 7.

85 Vgl. KYRILL VON ALEXANDRIEN, »In Joannis Evangelium«, Libr. V, Kap. II: PG 73, 755.

86 Joh 20, 19-22.

87 Vgl. Joh 19, 30.

88 Vgl. Röm 1, 4.

89 Joh 16, 20.

90 Joh 16, 7.

91 Joh 16, 15.

92 II. VATIKANISCHES KONZIL, Dogmatische Konstitution über die Kirche »Lumen gentium«, 4.

93 Joh 15, 26 f.

94 Dekret über die Missionstätigkeit der Kirche »Ad gentes«, 4.

95 Vgl. Apg 1, 14.

96 Dogmatische Konstitution über die Kirche »Lumen gentium«, 4. Es gibt eine ganze patristische und theologische Tradition über die innige Einheit zwischen dem Heiligen Geist und der Kirche; diese Einheit wird zuweilen in Analogie zum Verhältnis von Seele und Leib im Menschen dargestellt: vgl. IRENÄUS, »Adversus haereses«, III, 24, 1: SC 211, SS. 470-474; AUGUSTINUS, »Sermo« 267, 4, 4: PL 38, 1231; »Sermo« 268, 2: PL 38, 1232; »In Iohannis Evangelium Tractatus«, XXV, 13; XXVII, 6: CCL 36, 266, 272 f.; Gregor der Große, »In septem psalmos poenitentiales expositio«, psal. V, 1: PL 79, 602; DIDIMUS VON ALEXANDRIEN, »De Trinitate«, II, 1: PG 39, 449 f.; ATHANASIUS, »Oratio III contra Arianos«, 22. 23. 24: PG 26, 368 f., 372 f.; JOHANNES CHRISOSTOMUS,

»In Epistolam ad Ephesios«, Homil. XI, 3: PG 62, 72 f. Thomas von Aquin hat die vorausgehende patristische und theologische Tradition zusammengefasst, indem er den Heiligen Geist als »Herz« und »Seele« der Kirche dargestellt hat: vgl. »Summa Theol.«, III, q. 8, a. 1, ad 3; »In Symbolum Apostolorum Expositio«, a. IX; »In Tertium Librum sententiarum«, Dist. XIII, q. 2, a. 2, quaestiuncula 3.

97 Vgl. Offb 2, 29; 3, 6. 13. 22.

98 Vgl. Joh 12, 31; 14, 30; 16, 11.

99 »Gaudium et spes«, 1.

100 Ebd. 41.

101 Ebd. 26.

102 Vgl. Joh 16, 7 f.

103 Joh 16, 7.

104 Joh 16, 8-11.

105 Vgl. Joh 3, 17; 12, 47.

106 Vgl. Eph 6,12.

107 Pastoralkonstitution über die Kirche in der Welt von heute »Gaudium et spes«, 2.

108 Vgl. ebd. 10. 13. 27. 37. 63. 73. 79. 80.

109 Apg 2, 4.

110 Vgl. IRENÄUS, »Adversus haereses«, III, 17, 2: SC 21 S. 330-332.

111 Apg 1, 4. 5. 8.

112 Apg 2, 22-24.

113 Vgl. Apg 3, 14 f.; 4,10. 27 f.; 7, 52; 10, 39; 13, 28 f. u. a.

114 Vgl. Joh 3, 17; 12, 47.

115 Apg 2, 36.

116 Apg 2, 37 f.

117 Vgl. Mk 1, 15.

118 Joh 20, 22.

119 Vgl. Joh 16, 9.

120 Hos 13, 14 Vulgata, alte Form; vgl. 1 Kor 15, 55.

121 Vgl. 1 Kor 2, 10.

122 Vgl. 2 Thess 2, 7.

123 Vgl. 1 Tim 3, 16.

124 Vgl.» Reconciliatio et paenitentia« (2. Dezember 1984), 19-22: AAS 77 (1985) 229-233.

125 Vgl. Gen 1-3.

126 Phil 2, 8; vgl. Röm 5, 19.

127 Joh 1, 1. 2. 3. 10.

128 Vgl. Kol 1, 15-18.

129 Joh 8, 44.

130 Vgl. Gen 1, 2.

131 Vgl. Gen 1, 26. 28. 29.

132 Dogmatische Konstituion über die göttliche Offenbarung »Dei verbum«, 2.

133 Vgl. 1 Kor 2, 10 f.

134 Vgl. Joh 16, 11.

135 Vgl. Phil 2, 8.

136 Vgl. Gen 2, 16 f.

137 Gen 3, 5.

138 Vgl. Gen 3, 22 über den »Baum des Lebens«; vgl. auch Joh 3, 36; 4, 14; 5, 24; 6, 40. 47; 10, 28; 12, 50; 14, 6; Apg 13, 48; Röm 6, 23; Gal 6, 8; 1 Tim 1, 16; Tit 1, 2; 3, 7; 1 Petr 3, 22; 1 Joh 1, 2; 2, 25; 5, 11. 13; Offb 2, 7.

139 Vgl. THOMAS VON AQUIN, »Summa Theol.« I-II, q. 80, a. 4 ad 3.

140 1 Joh 3, 8.

141 Joh 16, 11.

142 Vgl. Eph 6, 12; Lk 22, 53.

143 Vgl. »De Civitate Dei«, XIV, 28: CCL 48, S. 451.

144 Pastoralkonstitution über die Kirche in der Welt von heute »Gaudium et spes«, 36.

145 Griechisch: »paracalein«= anrufen, herbeirufen.

146 Vgl. Gen 6, 7.

147 Gen 6, 5-7.

148 Vgl. Röm 8, 20-22.

149 Vgl. Mt 15, 32; Mk 8, 2.

150 Hebr 9, 13 f.

151 Joh 20, 22 f.

152 Apg 10, 38.

153 Hebr 5, 7 f.

154 Hebr 9, 14.

155 Vgl. Lev 9, 24; 1 Kön 18, 38; 2 Chr 7, 1.

156 Vgl. Joh 15, 26.

157 Joh 20. 22 f.

158 Mt. 3, 11.

159 Vgl. Joh 3, 8.

160 Joh 20, 22 f.

161 Vgl. Pfingstsequenz: »Veni, Sancte Spiritus«.

162 BONAVENTURA, »De septem donis Spiritus Sancti«, Collatio II, 3: Ad Claras Aquas, V, 463.

163 Mk 1, 15.

164 Vgl. Hebr 9,14.

165 Vgl. Pastoralkonstitution über die Kirche in der Welt von heute »Gaudium et spes«, 16.

166 Vgl. Gen 2, 9. 17.

167 II. VATIKANISCHES KONZIL, Pastoralkonstitution über die Kirche in der Welt von heute »Gaudium et spes«, 16.

168 Ebd. 27.

169 Vgl. ebd. 13.

170 Vgl. JOHANNES PAUL II., Apostolisches Schreiben im Anschluss an die Bischofssynode »Reconciliatio et paenitentia« (2. Dezember 1984), 16: AAS 77 (1985) 213-217.

171 Pastoralkonstitution über die Kirche in der Welt von heute »Gaudium et spes«, 10.

172 Vgl. Röm 7, 14 f. 19.

173 Pastoralkonstitution über die Kirche in der Welt von heute »Gaudium et spes«, 37.

174 Ebd. 13.

175 Ebd. 37.

176 Pfingstsequenz: »Reple cordis intima«.

177 »Abyssus abyssum invocat«: vgl. AUGUSTINUS, »Enarr. in Ps.« XLI, 13: CCL 38, 470: »Was für ein Abgrund ist das also, den der Abgrund anruft? Wenn Abgrund Tiefe bedeutet, sollten wir dann nicht meinen, dass des Menschen Herz ein solcher Abgrund sei? Denn was ist tiefer als dieser Abgrund? Die Menschen sprechen; die Bewegungen ihrer Gliedmaßen können gesehen, ihre Reden gehört werden; aber wessen Gedanken werden durchdrungen, wessen Herz durchschaut?«.

178 Vgl. Hebr 9, 14.

179 Joh 14, 17.

180 Mt 12, 31 f.

181 Mk 3, 28 f.

182 Lk 12, 10.

183 THOMAS VON AQUIN, Summa Theol. II (a)-II (ae), q. 14, a. 3; Vgl. AUGUSTINUS, »Epist.« 185, 11, 48-49: PL 814 f.; BONAVENTURA, »Comment. in Evang.« »S. Luc.« Kap. XIV, 15-16: Ad Claras Aquas, VII, S. 314 f.

184 Vgl. PS 81, 13; Jer 7, 24; Mk 3, 5.

185 JOHANNES PAUL II., Apostolisches Schreiben im Anschluss an die Bischofssynode »Reconciliatio et paenitentia« (2. Dezember 1984), 18: AAS 77 (1985) 224-228.

186 Pius XII., Radiobotschaft an den Nationalen Katechetischen Kongress der Vereinigten Staaten von Amerika in Boston (26. Oktober 1946): »Discorsi e Radiomessaggi«, VIII (1946) 288.

187 JOHANNES PAUL II., Apostolisches Schreiben im Anschluss an die Bischofssynode »Reconciliatio et paenitentia« (2. Dezember 1984), 18: AAS 77 (1985), 255 f.

188 1 Thess 5, 19; Eph 4, 30.

189 JOHANNES PAUL II., Apostolisches Schreiben im Anschluss an die Bischofssynode »Reconciliatio et paenitentia« (2. Dezember 1984), 14-22: AAS 77 (1985) 211-233.

190 Vgl. AUGUSTINUS, »De Civitate Dei«, XIV, 28: CCL 48, 451.

191 Vgl. Joh 16, 11.

192 Vgl. Joh 16, 15.

193 Vgl. Gal 4, 4.

<u>**194**</u> Offb 1, 8; 22, 13.

<u>**195**</u> Joh 3, 16.

<u>**196**</u> Gal 4, 4 f.

<u>**197**</u> Lk 1, 34 f.

<u>**198**</u> Mt 1, 18.

<u>**199**</u> Mt 1, 20 f.

<u>**200**</u> Vgl. THOMAS VON AQUIN, »Summa Theol.« III, q. 2, aa. 10-12; q. 6, ad 6; q 7, a. 13.

<u>**201**</u> Lk 1, 38.

<u>**202**</u> Joh 1, 14.

<u>**203**</u> Kol 1, 15.

<u>**204**</u> Vgl. zum Beispiel Gen. 9, 11; Dtn 5, 26; Ijob 34, 15; Jes 40, 6; 52, 10; Ps 145, 21; Lk 3, 6; 1 Petr 1, 24.

<u>**205**</u> Lk 1, 45.

<u>**206**</u> Vgl. Lk 1, 41.

<u>**207**</u> Vgl. Joh 16, 9.

<u>**208**</u> Vgl. 2 Kor 3, 17.

<u>**209**</u> Vgl. Röm 1, 5.

<u>**210**</u> Röm 8, 29.

<u>**211**</u> Vgl. Joh 1, 14. 4. 12 f.

<u>**212**</u> Vgl. Röm 8, 14.

<u>**213**</u> Vgl. Gal 4, 6; Röm 5, 5; 2 Kor 1, 22.

<u>**214**</u> Röm 8, 15.

<u>**215**</u> Röm 8, 16 f.

<u>**216**</u> Vgl. Ps 104, 30.

<u>**217**</u> Röm 8, 19.

<u>**218**</u> Röm 8, 29.

<u>**219**</u> Vgl. 2 Petr 1, 4.

<u>**220**</u> Vgl. Eph 2, 18 und Dogmatische Konstitution über die göttliche Offenbarung »Dei Verbum«, 2.

<u>**221**</u> Vgl. 1 Kor 2, 12.

<u>**222**</u> Vgl. Eph 1, 3-14.

<u>**223**</u> Eph 1, 13 f.

<u>**224**</u> Vgl. Joh 3, 8.

<u>**225**</u> Pastoralkonstitution über die Kirche in der Welt von heute »Gaudium et spes«, 22; vgl. Dogmatische Konstitution über die Kirche »Lumen gentium«, 16.

<u>**226**</u> Joh 4, 24.

<u>**227**</u> Ebd.

<u>**228**</u> Vgl. AUGUSTINUS, »Confess.« III, 6, 11: CCL 27, 33.

<u>**229**</u> Vgl. Tit 2, 11.

<u>**230**</u> Vgl. Jes 45, 15.

<u>**231**</u> Vgl. Weish 1, 7.

<u>**232**</u> Lk 2, 27.34.

<u>**233**</u> Gal 5, 17.

<u>**234**</u> Gal 5, 16 f.

<u>**235**</u> Vgl. Gal 5. 19-21.

<u>**236**</u> Gal 5, 22 f.

<u>**237**</u> Gal 5, 25.

<u>**238**</u> Röm 8, 5. 9.

<u>**239**</u> Röm 8, 6. 13.

<u>**240**</u> Röm 8, 10. 12.

<u>**241**</u> 1 Kor 6, 20.

<u>**242**</u> Vgl. Pastoralkonstitution über die Kirche in der Welt von heute »Gaudium et spes«, 19. 20. 21.

<u>**243**</u> Lk 3, 6; vgl. Jes 40, 5.

<u>**244**</u> Vgl. Röm 8, 23.

<u>**245**</u> Röm 8, 3.

<u>**246**</u> Röm 8, 26.

247 Röm 8, 11.

248 Röm 8, 10.

249 Vgl. Enzyklika »Redemptor hominis« (4. März 1979), 14: AAS 71 (1979) 284 f.

250 Vgl. Weish 15, 3.

251 Vgl. Eph 3, 14-16.

252 Vgl. 1 Kor 2, 10 f.

253 Vgl. Röm 8, 9; 1 Kor 6, 19.

254 Vgl. Joh 14, 23; IRENÄUS, »Adversus haereses«, V, 6: SC 153, S. 72-80; HILARIUS, »De Trinitate«, VIII, 19. 21- PL 10, 250. 252; AMBROSIUS, »De Spiritu Sancto«, I, 6, 8: PL 16, 752 f.; AUGUSTINUS, »Enarr. in Ps.« XLIX, 2: CCL 38, 575 f.; KYRILL VON ALEXANDRIEN, »In Ioannis Evangelium«, lib. I, II: PG 73, 154-158. 246; lib. IX: PG 74, 262; ATHANASIUS, »Oratio III contra Arianos«, 24: PG 26, 374 f.; »Epist. I ad Serapion«., 24: PG 26, 586 f.; DIDIMUS VON ALEXANDRIEN, »De Trinitate«, II, 7: PG 39, 523-530; JOHANNES CHRYSOSTOMUS, »In epist. ad Romanos homilia« XIII, 8: PG 60, 519; THOMAS VON AQUIN, »Summa Theol.«, Ia, q. 43, aa. 1, 3-6.

255 Gen 1, 26 f.; THOMAS VON AQUIN, »Summa Theol.« Ia, q. 93, aa. 4. 5. 8.

256 Pastoralkonstitution über die Kirche in der Welt von heute »Gaudium et spes«, 24; vgl. auch 25.

257 Vgl. ebd. 38. 40.

258 Vgl. 1 Kor 15, 28.

259 Vgl. Pastoralkonstitution über die Kirche in der Welt vom heute »Gaudium et spes«, 24.

260 »Gloria Dei vivens homo, vita autem hominis visio Dei« IRENÄUS, »Adversus haereses«, IV, 20, 7: SC 100/2, S. 648.

261 BASILIUS, »De Spiritu Sancto«, IX, 22: PG 32, 110.

262 Röm 8, 2.

263 2 Kor 3, 17.

264 Vgl. II. VATIKANISCHES KONZIL, Pastoralkonstitution über die Kirche in der Welt von heute »Gaudium et spes«, 53-59.

265 Ebd. 38.

266 1 Kor 8, 6.

267 Joh 16, 7.

268 Joh 14, 18.

<u>269</u> Mt 28, 20.

<u>270</u> Das drückt auch die Epiklese vor der Wandlung aus: »Sende deinen Geist auf diese Gaben herab und heilige sie, damit sie uns werden Leib und Blut deines Sohnes, unseres Herrn Jesus Christus« (»Zweites Hochgebet«).

<u>271</u> Vgl. Eph 3, 16.

<u>272</u> Pastoralkonstitution über die Kirche in der Welt von heute »Gaudium et spes«, 22 und 24.

<u>273</u> Ebd. 24.

<u>274</u> Vgl. Apg 2, 42.

<u>275</u> II. VATIKANISCHES KONZIL, Dekret über den Ökumenismus »Unitatis redintegratio«, 2.

<u>276</u> Vgl. AUGUSTINUS, »In Johannis Evangelium Tractatus« XXVI, 13: CCL 36, S. 266; vgl. II. VATIKANISCHES KONZIL, Konstitution über die heilige Liturgie »Sacrosanctum Concilium«, 47.

<u>277</u> Dogmatische Konstitution über die Kirche »Lumen gentium«, 1.

<u>278</u> Apg 17, 28.

<u>279</u> 1 Tim 2, 4.

<u>280</u> Vgl. Hebr 5, 7.

<u>281</u> Lk 11, 13.

<u>282</u> Röm 8, 26.

<u>283</u> Vgl. ORIGENES, »De oratione«, 2: PG 11, 419-423.

<u>284</u> Röm 8, 27.

<u>285</u> II. VATIKANISCHES KONZIL, Dogmatische Konstitution über die Kirche »Lumen gentium«, 63.

<u>286</u> Ebd. 64.

<u>287</u> Ebd. 4; vgl. Offb. 22, 17.

<u>288</u> Vgl. Röm 8, 24.

<u>289</u> Vgl. Joh 4,14; Dogmatische Konstitution über die Kirche »Lumen gentium«, 4.

<u>290</u> Vgl. Offb 12, 10.

<u>291</u> Vgl. Röm 8, 23.

<u>292</u> Vgl. Pfingstsequenz »Veni, Sancte Spiritus«.

<u>293</u> Vgl. Glaubensbekenntnis »Quicumque«: DS 75.

111

<u>**294**</u> Vgl. Röm 5, 5.

<u>**295**</u> Man kann hier an das wichtige Apostolische Schreiben »Gaudete in Domino« erinnern, das Papst Paul VI. am 9. Mai des Heiligen Jahres 1975 veröffentlicht hat. Denn die dort zum Ausdruck gebrachte Einladung, vom Heiligen Geist »dieses Geschenk der Freude zu erflehen«, bleibt ja immer gültig, so wie auch die Aufforderung, »die wahrhaft geistliche Freude (zu) verkosten, die eine Frucht des Heiligen Geistes ist«: AAS 67 (1975) 289. 302.

<u>**296**</u> Vgl. Joh 16, 22.

<u>297</u> Vgl. Röm 14,17; Gal 5, 22.